Lösungsschl

zur
Übungsgrammatik DaF
für Fortgeschrittene
von Karin Hall · Barbara Scheiner

erstellt von Manuela Beisswenger

Verlag für Deutsch

Inhalt

5. 4. 3. 2. | Die letzten Ziffern
2000 1999 98 | bezeichnen Zahl und Jahr des Druckes.
Alle Drucke dieser Auflage können, da unverändert,
nebeneinander benutzt werden.

2. Auflage R
© 1997 VERLAG FÜR DEUTSCH
Max-Hueber-Str. 8, D-85737 Ismaning
Druck und Bindung: MZ-Druck, Regensburg
Printed in Germany
ISBN 3-88532-647-7

Die Deklination der Adjektive

Schwache Deklination

Singular

N	der	klug	-e	Mann	die	klug	-e	Frau	das	klug	-e	Kind
A	den		-en	Mann	die		-e	Frau	das		-e	Kind
D	dem		-en	Mann(e)	der		-en	Frau	dem		-en	Kind(e)
G	des		-en	Mannes	der		-en	Frau	des		-en	Kindes

Plural

N	die	klug	-en	Männer, Frauen, Kinder
A	die		-en	Männer, Frauen, Kinder
D	den		-en	Männern, Frauen, Kindern
G	der		-en	Männer, Frauen, Kinder

– nach dem bestimmten Artikel
– nach dem Pronomen der*jenige, derselbe, dieser, jeder, jeglicher, je-
  ner, mancher, solcher, welcher; alle, beide, irgendwelche, sämtliche;*
      im Singular: *all-, einig-, irgendwelch-, sämtlich-* (aller mögliche
  Unsinn, alles Gute, mit einigem guten Willen, ohne irgendwelche erhöhte Gefahr, sämtliches bewegliche Eigentum)
– nach dem Personalpronomen *wir, ihr* (wir eifrigen Deutsch-
  lerner, euch beneidenswerten Muttersprachlern)

Gemischte Deklination

Singular

N	kein	klug	-er	Mann	keine	klug	-e	Frau	kein	klug	-es	Kind
A	keinen		-en	Mann	keine		-e	Frau	kein		-es	Kind
D	keinem		-en	Mann(e)	keiner		-en	Frau	keinem		-en	Kind(e)
G	keines		-en	Mannes	keiner		-en	Frau	keines		-en	Kindes

Plural

N	keine	klug	-en	Männer,Frauen, Kinder
A	keine		-en	Männer, Frauen, Kinder
D	keinen		-en	Männern, Frauen, Kindern
G	keiner		-en	Männer, Frauen, Kinder

– nach dem unbestimmten Artikel
– nach kein, irgendein, manch ein, solch ein, welch ein, ein solcher
– nach Possessivpronomen

Starke Deklination

Singular

N	(etwas) kalt	*-er*	Saft	kalt	*-e*	Milch	kalt	*-es*	Wasser
A	(etwas)	*-en*	Saft		*-e*	Milch		*-es*	Wasser
D	(etwas)	*-em*	Saft		*-er*	Milch		*-em*	Wasser
G	(etwas)	*-en*	Saftes		*-er*	Milch		*-en*	Wassers

Plural

N	(einige) klug	*-e*	Männer, Frauen, Kinder
A	(einige)	*-e*	Männer, Frauen, Kinder
D	(einigen)	*-en*	Männern, Frauen, Kindern
G	(einiger)	*-er*	Männer, Frauen Kinder

- ohne Artikel
- nach Pronomen ohne Endung: *allerlei, etwas, genug, mancherlei, mehr, nichts, viel, wenig; manch, welch, solch*
  und nach den Pronomen *andere, derartige, einige, einzelne, etliche, folgende, gewisse, lauter, mehrere, ein paar, verschiedene, viele, wenige*
- nach dem Personalpronomen *ich, du* (ich glücklicher Gewinner, dir armem Verlierer)
- nach den Kardinalzahlen ab 2
- nach einem Genitiv, nach dem Fragepronomen *wessen* und den Relativpronomen *dessen, deren* (Peters/wessen/dessen bestes Gedicht; nach Mutters/wessen/deren gutem Rat)

Einige allgemeine Bemerkungen

- Pronomen haben, soweit sie nicht endungslos sind (z.B. etwas) oder endungslos gebraucht werden (z.B. manch), die Endungen des bestimmten Artikels: der/jeder/aller notwendige Respekt; des/dieses/jedes/irgendeines jungen Menschen; den/manchen/gewissen/einigen umstrittenen Persönlichkeiten.
- Adjektive, die stark dekliniert werden, haben die Endungen des bestimmten Artikels (Ausnahme: im Genitiv Singular Maskulinum und Neutrum *-en* statt *-es*), so dass im Plural gegebenenfalls die Pronomen- und Adjektivendungen identisch sind: der/kalter Saft; die Ratschläge der/(einiger) kluger Frauen.
- Beim attributiven Gebrauch einiger Adjektive sind Besonderheiten zu beachten:
  Adjektive auf *-el*: dunkel → ein dunkler Raum
  (so z.B. auch *edel, eitel, heikel, komfortabel, nobel*)
  Adjektive auf *-er* nach Diphtong und Fremdadjektive: sauer → ein saurer Apfel
  (so z.B. auch *teuer, integer*)
  aber: bitter, finster → ein bitterer Geschmack, finstere Gedanken
  hoch → ein hoher Berg
  Adjektive auf *-a* werden nicht dekliniert: ein lila Tuch, prima Ideen.
  Von Städtenamen abgeleitete Adjektive werden groß geschrieben und nicht dekliniert:
  im Heidelberger Zoo, die Münchner U-Bahn.

Unregelmäßige Verben

Infinitiv	3. Ps. Sg. Präsens	3. Ps. Sg. Präteritum	3. Ps. Sg. Perfekt
backen	backt/bäckt	backte/buk	hat gebacken
befehlen	befiehlt	befahl	hat befohlen
beginnen	beginnt	begann	hat begonnen
beißen	beißt	biss	hat gebissen
bergen	birgt	barg	hat geborgen
bersten	birst	barst	ist geborsten
betrügen	betrügt	betrog	hat betrogen
bewegen*	bewegt	bewog	hat bewogen
biegen	biegt	bot	hat/ist gebogen
bieten	bietet	bot	hat geboten
binden	bindet	band	hat gebunden
bitten	bittet	bat	hat gebeten
blasen	bläst	blies	hat geblasen
bleiben	bleibt	blieb	ist geblieben
braten	brät	briet	hat gebraten
brechen	bricht	brach	hat/ist gebrochen
brennen	brennt	brannte	hat gebrannt
bringen	bringt	brachte	hat gebracht
denken	denkt	dachte	hat gedacht
dreschen	drischt	drosch	hat gedroschen
dringen	dringt	drang	ist gedrungen
dürfen	darf	durfte	hat gedurft
empfangen	empfängt	empfing	hat empfangen
empfehlen	empfiehlt	empfahl	hat empfohlen
empfinden	empfindet	empfand	hat empfunden
erklimmen	erklimmt	erklomm	hat erklommen
erschallen	erschallt	erscholl	ist erschollen
erlöschen	erlischt	erlosch	ist erloschen
erschrecken*	erschrickt	erschrak	ist erschrocken
erwägen	erwägt	erwog	hat erwogen
essen	isst	aß	hat gegessen
fahren	fährt	fuhr	hat/ist gefahren
fallen	fällt	fiel	ist gefallen
fangen	fängt	fing	hat gefangen
fechten	ficht	focht	hat gefochten
finden	findet	fand	hat gefunden
flechten	flicht	flocht	hat geflochten
fliegen	fliegt	flog	hat/ist geflogen
fliehen	flieht	floh	ist geflohen
fließen	fließt	floss	ist geflossen
fressen	frisst	fraß	hat gefressen
frieren	friert	fror	hat gefroren
gären*	gärt	gor	hat/ist gegoren
gebären	gebärt/gebiert	gebar	hat geboren
geben	gibt	gab	hat gegeben

Infinitiv	3. Ps. Sg. Präsens	3. Ps. Sg. Präteritum	3. Ps. Sg. Perfekt
gedeihen	gedeiht	gedieh	ist gediehen
gehen	geht	ging	ist gegangen
gelingen	gelingt	gelang	ist gelungen
gelten	gilt	galt	hat gegolten
genesen	genest	genas	ist genesen
genießen	genießt	genoss	hat genossen
geraten	gerät	geriet	ist geraten
geschehen	geschieht	geschah	ist geschehen
gewinnen	gewinnt	gewann	hat gewonnen
gießen	gießt	goss	hat gegossen
gleichen	gleicht	glich	hat geglichen
gleiten	gleitet	glitt	ist geglitten
glimmen*	glimmt	glomm	hat geglommen
graben	gräbt	grub	hat gegraben
greifen	greift	griff	hat gegriffen
haben	hat	hatte	hat gehabt
halten	hält	hielt	hat gehalten
hängen*	hängt	hing	hat gehangen
hauen	haut	haute/hieb	hat gehauen
heben	hebt	hob	hat gehoben
heißen	heißt	hieß	hat geheißen
helfen	hilft	half	hat geholfen
kennen	kennt	kannte	hat gekannt
klingen	klingt	klang	hat geklungen
kneifen	kneift	kniff	hat gekniffen
kommen	kommt	kam	ist gekommen
können	kann	konnte	hat gekonnt
kriechen	kriecht	kroch	ist gekrochen
laden	lädt	lud	hat geladen
lassen	lässt	ließ	hat gelassen
laufen	läuft	lief	ist gelaufen
leiden	leidet	litt	hat gelitten
leihen	leiht	lieh	hat geliehen
lesen	liest	las	hat gelesen
liegen	liegt	lag	hat gelegen
lügen	lügt	log	hat gelogen
mahlen	mahlt	mahlte	hat gemahlen
meiden	meidet	mied	hat gemieden
melken	melkt/milkt	melkte/molk	hat gemolken
messen	misst	maß	hat gemessen
mögen	mag	mochte	hat gemocht
müssen	muss	musste	hat gemusst
nehmen	nimmt	nahm	hat genommen
nennen	nennt	nannte	hat genannt
pfeifen	pfeift	pfiff	hat gepfiffen
preisen	preist	pries	hat gepriesen
quellen	quillt	quoll	ist gequollen
raten	rät	riet	hat geraten
reiben	reibt	rieb	hat gerieben

Infinitiv	3. Ps. Sg. Präsens	3. Ps. Sg. Präteritum	3. Ps. Sg. Perfekt
reißen	reißt	riss	hat/ist gerissen
reiten	reitet	ritt	hat/ist geritten
rennen	rennt	rannte	ist gerannt
riechen	riecht	roch	hat gerochen
ringen	ringt	rang	hat gerungen
rinnen	rinnt	rann	ist geronnen
rufen	ruft	rief	hat gerufen
salzen	salzt	salzte	hat gesalzen
saufen	säuft	soff	hat gesoffen
saugen*	saugt	sog	hat gesogen
schaffen*	schafft	schuf	hat geschaffen
scheiden	scheidet	schied	hat/ist geschieden
scheinen	scheint	schien	hat geschienen
schelten	schilt	schalt	hat gescholten
scheren*	schert	schor	hat geschoren
schieben	schiebt	schob	hat geschoben
schießen	schießt	schoss	hat/ist geschossen
schinden	schindet	schindete	hat geschunden
schlafen	schläft	schlief	hat geschlafen
schlagen	schlägt	schlug	hat geschlagen
schleichen	schleicht	schlich	ist geschlichen
schleifen*	schleift	schliff	hat geschliffen
schließen	schließt	schloss	hat geschlossen
schlingen	schlingt	schlang	hat geschlungen
schmeißen	schmeißt	schmiss	hat geschmissen
schmelzen	schmilzt	schmolz	hat/ist geschmolzen
schneiden	schneidet	schnitt	hat geschnitten
schreiben	schreibt	schrieb	hat geschrieben
schreien	schreit	schrie	hat geschrie(e)n
schreiten	schreitet	schritt	ist geschritten
schweigen	schweigt	schwieg	hat geschwiegen
schwellen*	schwillt	schwoll	ist geschwollen
schwimmen	schwimmt	schwamm	hat/ist geschwommen
schwinden	schwindet	schwand	ist geschwunden
schwingen	schwingt	schwang	hat geschwungen
schwören	schwört	schwor	hat geschworen
sehen	sieht	sah	hat gesehen
sein	ist	war	ist gewesen
senden*	sendet	sandte	hat gesandt
singen	singt	sang	hat gesungen
sinken	sinkt	sank	ist gesunken
sinnen	sinnt	sann	hat gesonnen
sitzen	sitzt	saß	hat gesessen
sollen	soll	sollte	hat gesollt
spalten*	spaltet	spaltete	hat gespalten
speien	speit	spie	hat gespie(e)n
spinnen	spinnt	spann	hat gesponnen
sprechen	spricht	sprach	hat gesprochen
sprießen	sprießt	spross	ist gesprossen

Infinitiv	3. Ps. Sg. Präsens	3. Ps. Sg. Präteritum	3. Ps. Sg. Perfekt
springen	springt	sprang	ist gesprungen
stechen	sticht	stach	hat gestochen
stecken	steckt	steckte/stak	hat gesteckt
stehen	steht	stand	hat gestanden
stehlen	stiehlt	stahl	hat gestohlen
steigen	steigt	stieg	ist gestiegen
sterben	stirbt	starb	ist gestorben
stinken	stinkt	stank	hat gestunken
stoßen	stößt	stieß	hat/ist gestoßen
streichen	streicht	strich	hat gestrichen
streiten	streitet	stritt	hat gestritten
tragen	trägt	trug	hat getragen
treffen	trifft	traf	hat getroffen
treiben	treibt	trieb	hat/ist getrieben
treten	tritt	trat	hat/ist getreten
trinken	trinkt	trank	hat getrunken
trügen	trügt	trog	hat getrogen
tun	tut	tat	hat getan
verbleichen	verbleicht	verblich	ist verblichen
verderben	verdirbt	verdarb	hat/ist verdorben
verdrießen	verdrießt	verdross	hat verdrossen
vergessen	vergisst	vergaß	hat vergessen
verlieren	verliert	verlor	hat verloren
verschleißen	verschleißt	verschliss	hat verschlissen
verschwinden	verschwindet	verschwand	ist verschwunden
verzeihen	verzeiht	verzieh	hat verziehen
wachsen*	wächst	wuchs	ist gewachsen
waschen	wäscht	wusch	hat gewaschen
weben*	webt	wob	hat gewoben
weichen	weicht	wich	ist gewichen
weisen	weist	wies	hat gewiesen
wenden*	wendet	wandte	hat gewandt
werben	wirbt	warb	hat geworben
werden	wird	wurde	ist geworden
werfen	wirft	warf	hat geworfen
wiegen*	wiegt	wog	hat gewogen
winden	windet	wand	hat gewunden
wissen	weiß	wusste	hat gewusst
wollen	will	wollte	hat gewollt
wringen	wringt	wrang	hat gewrungen
ziehen	zieht	zog	hat/ist gezogen
zwingen	zwingt	zwang	hat gezwungen

* Diese Verben haben auch eine schwache Form (vgl. § 2).
Einige Verben können transitiv und intransitiv gebraucht werden, sie bilden das Perfekt entsprechend mit haben oder sein (vgl. § 1).

Verben, nach denen Infinitivsätze stehen können

* = Akkusativobjekt ist nie Substantiv, sondern
z.B.: alles, einiges, etwas, nichts, (nicht) viel,
(nur) wenig u.a.
( ) = fakultativ

jdn. abbringen davon
sich abfinden damit
sich abgeben damit
(es) sich/jdm. abgewöhnen
jdn. abhalten davon
abkommen davon
ablassen (davon)
es ablehnen
sich abmühen (damit)
sich abplagen damit
(jdm.) abraten (davon)
absehen davon
es abgesehen haben darauf
abzielen darauf
achten darauf
achtgeben darauf
es akzeptieren
(jdm.) anbieten
es bietet sich an
jdm. androhen
anfangen
jdn. anfeuern (dazu)
jdn. anflehen
angeben (= nennen)
angeben damit
(es) sich/jdm. angewöhnen
jdn. anhalten dazu
(es) jdm. anheim stellen
jdn. anklagen
es kommt (jdm.) darauf an
es ankommen lassen darauf
(es) jdm. anlasten
es anlegen darauf
jdn. anleiten (dazu)
(es) sich anmaßen
anordnen
es jdm. hoch anrechnen
(jdn.) anregen (dazu)
jdn. anspornen dazu
jdn. anstiften (dazu)
sich anstrengen
jdn. antreiben (dazu)

jdn. anweisen
appellieren an jdn.
arbeiten daran
sich ärgern (darüber)
(es) ärgert jdn.
(jdn.) auffordern (dazu)
es aufgeben (= verzichten)
sich/jdn. aufhalten damit
jdn. aufhetzen (dazu)
aufhören (damit)
sich auflehnen dagegen
sich aufraffen (dazu)
(jdn.) aufrufen dazu
sich aufschwingen (dazu)
jdn. aufstacheln (dazu)
jdm. auftragen
etw. aufwenden (dafür)
jdn. ausersehen (dazu)
jdn. auserwählen dazu
etw. ausgeben (dafür)
es nicht (lange/länger) aushalten
ausholen dazu
ausmachen (= verabreden)
es macht jdm. etwas/nichts u.a.* aus
es ausnutzen
aussein darauf
sich aussprechen dafür/dagegen
jdn. auswählen dafür
sich positiv/vorteilhaft u.a. auswirken
jdn. autorisieren (dazu)
bangen (darum)
beabsichtigen
beanspruchen
beantragen
jdn. beauftragen (damit)
(es) bedauern
es bedeutet jdm. etwas/nichts u.a.*
jdn. bedrängen
jdn. bedrohen damit
sich beeilen (damit)
(jdm.) befehlen
befürchten

(es) befürworten
begehren
beginnen
etw. beginnen damit
jdn. beglückwünschen (dazu)
sich begnügen damit
es begrüßen
beharren darauf
behaupten
jdn. behüten davor
(etwas/nichts u.a.*) beitragen dazu
bekennen
sich bekennen dazu
sich beklagen darüber
(es) beklagen
etw. bekommen dafür
es bekommt jdm. (nicht)
es belastet jdn.
sich bemühen (darum)
jdn./etw. benutzen (dazu)
(jdn.) berechtigen (dazu)
(es) bereuen
sich berufen darauf
sich/jdn. beschäftigen damit
jdn. beschirmen davor
beschließen
sich beschränken darauf
jdn. beschuldigen
jdn. beschützen davor
sich beschweren (darüber)
jdn. beschwören
jdn. bestärken darin
bestehen darauf
bestehen darin
jdn. bestrafen dafür
bestreiten
beteuern
jdn. betrauen damit
jdn. bevollmächtigen (dazu)
es bevorzugen
jdn./etw. bewahren davor
jdn. bewegen dazu
sich bewerben darum
bezweifeln
(jdn.) bitten (darum)
brennen darauf
jdn. bringen darauf (= hinweisen)
jdn. bringen dazu (= veranlassen)
es nicht über sich bringen
sich brüsten damit
darangehen

alles daransetzen
dasein dafür/dazu
(es) gehört etwas/nichts u.a.* dazu
(es) gehört dazu
jdn. degradieren dazu
denken daran (= die Absicht haben)
(jdm.) dienen dazu
drängen darauf
sich drängen danach
jdn. drängen (dazu)
es drängt jdn.
dringen darauf
(jdm.) drohen damit
sich drücken davor
sich durchringen dazu
dürsten (danach)
sich eignen dafür/dazu
sich einbilden
sich etwas/nichts* einbilden darauf
(sich/jdm.) eingestehen
sich einigen (darauf/darüber)
(jdn.) einladen (dazu)
sich einlassen darauf
einräumen
sich/jdm. einreden
jdm. einschärfen
(es) einsehen
sich einsetzen dafür
sich einstellen darauf
eintreten dafür
einwilligen
sich ekeln davor
es ekelt jdm./jdn. davor
(jdm.) empfehlen
es empfiehlt sich
jdn. entbinden davon
entscheiden
sich entscheiden (dafür)
sich entschließen (dazu)
sich entschuldigen (dafür)/damit
sich entsinnen
sich erinnern (daran)
(jdn.) erinnern daran
erklären
sich bereit erklären
es jdm. erlassen
(jdm.) erlauben
sich erlauben
es sich D (nicht) erlauben können
es jdm. erleichtern
jdn. ermächtigen (dazu)

jdn. ermahnen
(es) jdm. ermöglichen
jdn. ermuntern (dazu)
jdn. ermutigen (dazu)
es jdm. erschweren
es sich/jdm. ersparen (können)
jdn. ersuchen (darum)
es nicht ertragen können
erwägen
erwarten
es nicht erwarten können
jdn. erziehen dazu
feilschen darum
es (nicht) fertigbringen
festhalten daran
fiebern danach
sich bereit finden
es gut/falsch u.a. finden
fordern
fortfahren (damit)
es steht jdm. frei
(es) jdm. freistellen
sich freuen (daran) (Dauer)
sich freuen (darauf) (Zukunft)
sich freuen (darüber) (Ggw./Vgh.)
es freut jdn.
sich außerstande/genötigt/ (dazu) verpflichtet
u.a. fühlen
fürchten
sich fürchten (davor)
etwas/nichts u.a.* geben darauf
gedenken (= beabsichtigen)
es sich (nicht) gefallen lassen
es gefällt jdm.
es geht (jdm.) darum
es gehört sich nicht
es gelingt jdm.
geloben
es gelüstet jdm./jdn. danach
sich genieren
es genießen
es genügt jdm.
(jdm.) gestatten
gestehen
sich getrauen
jdn. gewinnen dafür
sich/jdn. gewöhnen daran
glauben
es jdm. gönnen
es eilig/gern u.a. haben
etwas/nichts u.a.* halten davon

es handelt sich darum
es hassen
(jdm.) helfen (dabei)
jdn. herausfordern dazu
nicht herumkommen darum
jdn. hindern (daran)
es nicht hinnehmen können
(jdn.) hinweisen darauf
hoffen
hungern danach
sich hüten (davor)
jammern darüber
jubeln darüber
kämpfen dafür/darum/dagegen
klagen (darüber)
kommen darauf
sich konzentrieren darauf
es langweilt jdn.
leben dafür
leben davon
es fällt jdm. leicht
leiden daran/darunter
es sich nicht leisten können
leugnen
es (nicht) lieben
(es) liegt jdm. (etwas/nichts u.a.*) daran
es lohnt sich
sich etwas/nichts u.a.* machen daraus
es jdm. leicht/möglich u.a. machen
meinen
es missfällt jdm.
es misslingt jdm.
mitwirken daran/dabei
es mögen
jdn. motivieren dazu
jdm. nachweisen
jdm. nahe legen
es liegt nahe
es auf sich nehmen
es sich nicht nehmen lassen
neigen dazu
jdn. nötigen (dazu)
etw. nutzen/nützen dazu
es nutzt/nützt (jdm.) etwas/nichts u.a.*
plädieren dafür/dagegen
sich/jdn. plagen damit
planen
pochen darauf
prahlen damit
probieren
protestieren dagegen

sich rächen dafür
(jdm.) raten (dazu)
rechnen damit
es reizt jdn.
ringen darum
(es) riskieren
sich rühmen
es schaffen
sich schämen
es schätzen
sich scheuen (davor)
schwärmen davon
es fällt jdm. schwer
schwören
sich außerstande/gezwungen/nicht
imstande/veranlasst u.a. sehen (dazu)
sich sehnen danach
(gerade) dabei sein
dafür/dagegen sein
jdm. ist danach
drauf und dran sein (ugs.)
nahe daran sein (ugs.)
sinnen darauf
spekulieren darauf
sich sperren dagegen
sich spezialisieren darauf
alles/nichts u.a.* spricht dafür/dagegen
staunen (darüber)
stehen dazu
stimmen dafür/dagegen
stöhnen darüber
sich stoßen daran
sich sträuben (dagegen)
streben danach
sich stürzen darauf
taugen dazu
trachten danach
sich trauen
trauern darum
träumen (davon)
jdn. treiben dazu
trinken darauf
sich üben darin
übereinstimmen darin
übergehen dazu
es jdm. überlassen
es übernehmen
es überrascht jdn.
jdn. überreden (dazu)
sich überwinden dazu
sich/jdn. überzeugen (davon)

(jdm.) bleibt nichts (anderes) übrig, als …
es umgehen
es unterlassen
(es) (jdm.) untersagen
sich unterstehen
verabreden mit jdm.
es verabscheuen
es verachten
(jdn.) veranlassen (dazu)
es nicht verantworten können
(es) (jdm.) verbieten
sich verbürgen dafür
jdn. verdächtigen
es verdienen
es verdient haben
vereinbaren mit jdm.
jdn. verführen (dazu)
vergessen
verharren dabei
jdm. verhelfen dazu
verlangen
es verlangt jdn. danach
sich verlassen (können) darauf
sich verlegen darauf
jdn. verleiten (dazu)
es vermeiden
sich/jdn. verpflichten dazu
(es) versäumen
es verschmähen
(jdm.) versichern
sich etwas/nichts u.a.* versprechen davon
(jdm.) versprechen
sich verständigen darüber
sich verstehen darauf
(es) verstehen
versuchen
es nicht vertragen (können)
vertrauen darauf
jdn. verurteilen (dazu)
(es) jdm. verwehren
(es) jdm. verzeihen
verzichten darauf
sich/jdn. vorbereiten darauf
vorgeben
vorhaben
jdn. vorhalten
sich vornehmen
(jdm.) vorschlagen
(jdm.) vorschreiben
vorsehen
(jdm.) vortäuschen

jdm. vorwerfen
(es) vorziehen
(es) wagen
(jdn.) warnen (davor)
warten darauf
sich wehren dagegen
sich weigern
sich wenden dagegen
werben dafür/darum
nicht müde werden
es widerstrebt jdm.
es wundert jdn.
wünschen
zählen darauf
(ab)zielen darauf
zittern davor
zögern
sich zufriedengeben damit
zugeben
jdm. zugestehen
sich/jdm. zumuten
jdm. zureden
zurückschrecken (davor)
(jdm.) zusagen
jdm. zusichern
jdm. zutrauen
zweifeln daran
sich/jdn. zwingen (dazu)

Feste Verbindungen/Funktionsverbgefüge, nach denen Infinitivsätze stehen können

sich mit dem Gedanken/der Idee/dem Vorschlag/der Vorstellung anfreunden (können)
es als seine Aufgabe/Pflicht u.a. ansehen
es als Beleidigung/Schwäche/Vorwurf u.a. auffassen
die Bitte äußern
die Anregung/den Auftrag/den Befehl/die Erlaubnis/den Rat u.a. bekommen
die Fähigkeit/die Frechheit/den Mut besitzen
(es) besteht kein Anlass/die Chance/die Gelegenheit/die Möglichkeit
es als notwendig/seine Aufgabe/seine Pflicht/sein Recht u.a. betrachten
es als Fehler/leichtsinnig u.a. bezeichnen
(es) bietet sich (jdm.) die Chance/die Gelegenheit/die Möglichkeit
jdm. die Gelegenheit/die Chance/die Möglichkeit bieten
jdn. auf den Gedanken/die Idee u.a. bringen
(es) gehört Energie/Mut/schon viel Frechheit dazu
das Risiko/die Verpflichtung eingehen
es als Widerspruch/störend u.a. empfinden
es erfordert viel Geduld/Geld/Mut/Zeit u.a.
den Auftrag/den Befehl/den Rat u.a. erhalten
Anspruch erheben darauf
seine Bereitschaft erklären
(jdm.) den Auftrag/den Befehl/die Erlaubnis/den Rat u.a. erteilen
den Beschluss/den Entschluss fassen
Gefallen/Geschmack finden daran
(jdm.) die Anregung/den Befehl/die Erlaubnis/die Garantie/den Rat/den Tip/das Versprechen
    u.a. geben
sich Mühe geben
(es) gilt als Fortschritt/modern u.a.
Angst (davor)/(keinen) Anlass/ein Anrecht drauf/die Chance/die Erlaubnis/Freude daran/
    Gefallen daran/das Gefühl/Gelegenheit/Interesse daran/das Recht/ein Recht darauf/den
    Willen u.a. haben
es hat keinen Sinn/keinen Zweck
es für sein Recht/gut u.a. halten
auf den Gedanken/die Idee u.a. kommen
es kostet (viel) Geld/Kraft/Mühe/Überwindung u.a.
Wert legen darauf
(es) jdm. zur Last legen
jdm. Mut/den Vorwurf u.a. machen
(jdm.) das Angebot/den Vorschlag u.a. machen
sich/jdm. Hoffnung(en) machen (darauf)
sich die Mühe machen
es sich zur Aufgabe/Pflicht u.a. machen
es macht Ärger/Kummer/Mühe/Spaß u.a.
Abstand nehmen davon
es in Kauf nehmen
sich das Recht nehmen
seine Aufgabe/Pflicht u.a. sehen darin
im Begriff/in der Lage scin
es ist jdm. ein Bedürfnis/eine Freude u.a.

den Antrag/die Aufgabe/die Forderung stellen
(jdm.) in Aussicht stellen
sich zur Verfügung stellen dafür
eine Gelegenheit suchen
sich mit der Absicht/dem Gedanken/der Hoffnung/dem Plan tragen
es mit Fassung/Humor u.a. tragen
die Entscheidung/die Verabredung u.a. treffen
jdm. die Aufgabe übertragen
den Versuch unternehmen
jdn. in die Lage versetzen
jdm. das Recht zustehen/zugestehen

Adjektive und Partizipien, nach denen Infinitivsätze stehen können

Die mit ° gekennzeichneten Adjektive und Partizipien haben als Subjekt *es* (Es ist abstoßend, + Infinitiv mit *zu*). Die übrigen Adjektive und Partizipien haben ein persönliches Subjekt (Er ist nicht abgeneigt + Infinitiv mit *zu*).

Beispiele für den Gebrauch von es:
Es ist abstoßend, …
Abstoßend ist (es,) …
Natürlich ist es abstoßend, …

(nicht) abgeneigt
abstoßend °
(un)angebracht °
(un)angemessen °
(un)angenehm °
angewiesen drauf
jdm. angst (und bange) davor
anmaßend °
aufgelegt dazu
aufregend °
ausersehen (dazu)
auserwählt dazu
ausgeschlossen °
außerstande
aussichtslos °
beabsichtigt °
beauftragt (damit)
bedacht darauf
(un)bedenklich °
befähigt (dazu)
(un)befriedigend °
befugt (dazu)
begeistert (davon)
begierig (darauf/danach)
behilflich (dabei)
bekannt dafür
bekümmert (darüber)
bemüht (darum)
(un)bequem °
berechtigt (dazu)
berechtigt °
bereit (dazu)
beruhigend °
beschäftigt damit
beschämend °
beschämt (darüber)

beschwerlich °
besessen davon
bestrebt
bevollmächtigt
dumm °
einfach °
eingebildet darauf
eingeschworen darauf
eingestellt darauf
empfehlenswert °
weit entfernt davon
entrüstet (darüber)
entschlossen (dazu)
entsetzt darüber
entzückt (darüber/davon)
erbittert darüber
erbost darüber
(un)erfahren darin
erfolgversprechend °
erforderlich °
(un)erfreulich °
erfreut (darüber)
erlaubt °
erpicht darauf
erstaunt (darüber)
erstrebenswert °
(un)fähig (dazu)
falsch °
(jdm.) freigestellt °
froh (darüber)
gedacht daran °
(un)geeignet (dafür/dazu)
(un)gefährlich °
gefasst darauf
jdm. gelegen daran
geneigt (dazu)

genötigt (dazu)
geplant °
(un)gerecht °
gerechtfertigt °
gespannt (darauf)
gestattet °
(un)gesund °
geübt darin
gewillt
es gewohnt
gewöhnt daran
gezwungen (dazu)
gierig (darauf/danach)
(un)glücklich (darüber)
(un)günstig °
(un)gut °
heilsam °
(un)höflich °
imstande (dazu)
(un)interessant °
interessiert daran
(un)klug °
klug genug (dazu)
korrekt °
krankhaft °
lästig °
lehrreich °
leicht °
es leid
(un)möglich
motiviert (dazu)
nachteilig °
(un)natürlich °
neugierig (darauf)
(un)nötig °
notwendig °
nützlich °
peinlich °
(un)praktisch °
(un)problematisch °
ratsam °
recht und billig ° (= gerecht)
richtig °
riskant °
rücksichtslos/-voll °
(un)schädlich °
scharf darauf (ugs.)
schlecht °
schmerzlich °
(un)schön °
schwer/schwierig °

selbstverständlich °
sinnvoll/-los °
spannend °
spezialisiert darauf
stolz (darauf)
süchtig danach
teuer °
traurig (darüber)
überrascht (darüber)
überzeugt (davon)
(un)üblich °
umsonst °
unerlässlich °
unerträglich °
ungehalten darüber
unnütz °
unpassend °
unsinnig °
(jdm.) untersagt °
unumgänglich °
unverantwortlich °
verabredet °
verantwortlich dafür
verboten °
verderblich °
verpflichtet (dazu)
verrückt °
verrückt danach (ugs.)
versessen darauf
versucht
verurteilt dazu
vorbereitet darauf
vorgeschrieben °
vorgesehen °
(un)vorteilhaft °
(un)wichtig °
(un)zulässig °
(un)zumutbar °
(un)zureichend °
zuständig dafür
zwingend °

Substantive, nach denen Infinitivsätze stehen können

die Absicht
die Angst (davor)
das Angebot
die Anmaßung
das Anrecht (darauf)
die Anregung
der Anspruch (darauf)
der Antrag
der Appell
die Art
die Aufforderung
die Aufgabe
der Aufruf
der Auftrag
die Aussicht (darauf)
das Bedauern
die Bedenken (Pl.)
das Bedürfnis (danach)
der Befehl
die Befürchtung
die Behauptung
das Bekenntnis
die Bemühung/das Bemühen
die Berechtigung (dazu)
die Bereitschaft (dazu)
der Beschluss
die Besorgnis
die Bestrebung/das Bestreben
das Bewusstsein
die Bitte
die Chance
der Drang (danach)
die Drohung
die Einladung
die Einsicht
die Einstellung
die Empfehlung
die Entscheidung
der Entschluss
die Enttäuschung (darüber)
die Erkenntnis
die Erklärung
die Erlaubnis (dafür/dazu)
die Ermächtigung
die Ermahnung
die Erwartung
die (Un)Fähigkeit

die Forderung
die Freiheit
die Freude (daran)
die Furcht (davor)
die Garantie (dafür)
die Gefahr
das Gefühl
die Gelegenheit (dazu)
die Genehmigung
das Geständnis
die Gewissheit (darüber)
die Gewohnheit
der Glaube
das Glück
die Hoffnung
die Idee
die Illusion
das Interesse (daran)
die Klage (darüber)
die Kunst
die Lust
die Mahnung
die Methode
die Möglichkeit (dazu)
die Motivation (dazu)
der Mut (dazu)
der Nachteil
die Neigung (dazu)
die Notwendigkeit
das Pech
die Pflicht
der Plan
das Prinzip
das Privileg
das Problem
der Rat(schlag)
das Recht (darauf)
das Risiko
die Scheu (davor)
das Schicksal
die Schwierigkeit (damit)
die Sehnsucht (danach)
die Sicherheit
die Sorge
die Tendenz
die Überzeugung
die Unsicherheit (darüber)

die Verantwortung (dafür)
das Verbot
das Verdienst
das Vergnügen
das Verlangen (danach)
das Vermögen (= Fähigkeit)
die Vermutung
die Verpflichtung
das Versäumnis
das Versprechen
der Versuch
die Versuchung
der Vorschlag
die Vorstellung

der Vorteil
der Vorwand
der Vorwurf
das Wagnis
die Wahrscheinlichkeit
die Warnung
die Weigerung
der Wille
der Wunsch
die Zeit (dazu)
das Ziel
die Zumutung
die Zusicherung
der Zwang

Reflexivverben, die ein Zustandsreflexiv (vorzeitig) bzw. eine allgemeine Zustandsform (gleichzeitig) bilden können

VZ = Vorzeitigkeit, GZ = Gleichzeitigkeit

sich abarbeiten	VZ	abgearbeitet sein
sich abhärten gegen A	VZ	abgehärtet sein gegen A
sich abmelden	VZ	abgemeldet sein
sich absichern gegen A	VZ	abgesichert sein gegen A
sich abtrocknen	VZ	abgetrocknet sein
sich anmelden bei D – für A	VZ	angemeldet sein bei D - für A
sich anpassen	GZ	angepasst sein
sich anstrengen	GZ	angestrengt sein
sich anziehen	VZ	angezogen sein
sich (gut u.a.) anziehen	GZ	(gut u.a.) angezogen sein
sich aufregen	GZ	aufgeregt sein
sich ausruhen	VZ	ausgeruht sein
sich aussöhnen mit D	VZ	ausgesöhnt sein mit D
sich ausziehen	VZ	ausgezogen sein
sich befreien von D	VZ	befreit sein von D
sich befreunden mit D	VZ	befreundet sein mit D
sich begeistern für A	GZ	begeistert sein von D
sich beherrschen	GZ	beherrscht sein
sich bemühen um A	GZ	bemüht sein um A
sich beruhigen	VZ	beruhigt sein
sich beschäftigen mit D	GZ	beschäftigt sein mit D
sich besinnen	GZ	besonnen sein
sich beteiligen an D	GZ	beteiligt sein an D
sich betrinken	VZ	betrunken sein
sich bilden (= sich Bildung aneignen)	VZ	gebildet sein
sich blamieren	VZ	blamiert sein
sich distanzieren von D	GZ	distanziert sein (gegenüber D)
sich duschen	VZ	geduscht sein
sich eignen für A/zu D	GZ	geeignet sein für A/zu D
sich D etw. einbilden auf A	GZ	eingebildet sein auf A
sich (gut) einspielen aufeinander	VZ	(gut) eingespielt sein aufeinander
sich einstellen auf A	VZ	eingestellt sein auf A
sich empören über A	GZ	empört sein über A
sich engagieren	GZ	engagiert sein
sich entrüsten über A	GZ	entrüstet sein über
sich entschließen zu D	VZ	entschlossen sein zu D
sich entsetzen über A	GZ	entsetzt sein über A
sich entschuldigen	VZ	entschuldigt sein
sich entspannen	VZ	entspannt sein
sich entwickeln	VZ	entwickelt sein
sich entzweien mit D	VZ	entzweit sein
sich erholen	VZ	erholt sein
sich erkälten	VZ	erkältet sein
sich erleichtern	VZ	erleichtert sein
sich erregen	GZ	erregt sein

sich fassen	VZ	gefasst sein
sich gewöhnen an A	VZ	gewöhnt sein an A/etw. gewohnt sein
sich gliedern in A	GZ	gegliedert sein in A
sich gründen auf A	GZ	gegründet sein auf A
sich informieren über A	VZ	informiert sein über A
sich interessieren für A	GZ	interessiert sein an A
sich kämmen	VZ	gekämmt sein
sich konzentrieren auf A	GZ	konzentriert sein auf A
sich melden bei D	VZ	gemeldet sein bei D
sich orientieren an D	GZ	orientiert sein an D
sich orientieren über A	VZ	orientiert sein über A
sich pflegen	GZ	gepflegt sein
sich plagen mit D	GZ	geplagt sein mit D
sich qualifizieren für A	VZ	qualifiziert sein für A
sich rasieren	VZ	rasiert sein
sich richten an A/gegen A	GZ	gerichtet sein an A/gegen A
sich scheiden lassen	VZ	geschieden sein
sich schminken	VZ	geschminkt sein
sich sichern gegen A	VZ	gesichert sein gegen A
sich sorgen um A	GZ	besorgt sein um A
sich spezialisieren auf A	VZ	spezialisiert sein auf A
sich trennen von D	VZ	getrennt sein von D
sich üben in D	VZ	geübt sein in D
sich überanstrengen	VZ	überanstrengt sein
sich überarbeiten	VZ	überarbeitet sein
sich überfordern	GZ	überfordert sein
sich überzeugen von D	VZ	überzeugt sein von D
sich umziehen	VZ	umgezogen sein
sich unterrichten über A	VZ	unterrichtet sein über A
sich verabreden mit D - zu D	VZ	verabredet sein mit D zu D
sich verändern	VZ	verändert sein
sich verbünden mit D	VZ	verbündet sein mit D
sich verfeinden mit D	VZ	verfeindet sein mit D
sich verheiraten mit D	VZ	verheiratet sein mit D
sich verkleiden	VZ	verkleidet sein
sich verkrachen mit D (ugs)	VZ	verkracht sein mit D (ugs.)
sich verletzen	VZ	verletzt sein
sich verlieben in A	VZ	verliebt sein in A
sich verloben mit D	VZ	verlobt sein mit D
sich verpflichten zu D	VZ	verpflichtet sein zu D
sich versammeln	VZ	versammelt sein
sich jdm./etw. verschließen	GZ	verschlossen sein
sich versehen mit D	VZ	versehen sein mit D
sich versichern bei D – gegen A	VZ	versichert sein bei D gegen A
sich versöhnen mit D	VZ	versöhnt sein mit D
sich verteilen	GZ	verteilt sein
sich vertiefen in A	GZ	vertieft sein in A
sich verwandeln	VZ	verwandelt sein
sich vorbereiten auf A	VZ	vorbereitet sein auf A
sich waschen	VZ	gewaschen sein
sich zusammensetzen aus D	GZ	zusammengesetzt sein aus D

Lösungsschlüssel

Bei Übungen, die mehrere Varianten verlangen, sind jeweils die ersten Lösungssätze in allen Varianten angegeben. Die folgenden Lösungen zeigen nur noch eine Variante, die Varianten der ersten Lösungssätze gelten hier entsprechend.

§ 1

Übung 1: 1. Viele Besucher sind von weit her zu dem Konzert angereist. 2. Der Verkehr ist fast zum Erliegen gekommen. 3. Viele haben sich nur im Schrittempo fortbewegt. 4. Die meisten Besucher haben das Konzert aber trotzdem pünktlich erreicht. 5. Die Besucher sind den Anweisungen der Platzanweiser gefolgt. 6. Viele sind in der Pause dem Gedränge entflohen und haben sich ins Freie begeben. 7. Nur wenige sind schon in der Pause nach Hause gegangen. 8. Am Ende des Konzerts hat sich das Publikum vor Begeisterung von seinen Plätzen erhoben. 9. Die Fans haben sich nach vorn gedrängt. 10. Sie sind dicht an das Podium herangegangen. 11. Sie haben sich den Künstlern so weit wie möglich genähert. 12. Einige Fans sind sogar auf das Podium geklettert. 13. Die Künstler sind wegen des starken Beifalls immer wieder auf der Bühne erschienen. 14. Erst dreißig Minuten nach Ende der Veranstaltung haben die letzten die Konzerthalle verlassen.

Übung 2: 1. Die Rennfahrer sind täglich zum Training gefahren. 2. Sie haben ihre Rennwagen in die Garage gefahren. 3. Die Fahrer haben ihre Rennwagen gestartet. 4. Für die Bundesrepublik sind vier Fahrer gestartet. 5. Einige Rennfahrer sind mit eigenen Sportflugzeugen zum Rennen geflogen. 6. Sie haben die Sportflugzeuge zum Teil selbst geflogen. 7. Vor dem Rennen haben sie genaue Erkundigungen über das Wetter eingezogen. 8. Die Rennfahrer sind unter dem Jubel der Zuschauer in das Stadion eingefahren. 9. Mechaniker haben Ersatzreifen herangerollt. 10. Die Rennwagen sind langsam zum Start gerollt. 11. Staubwolken sind hinter ihnen hergezogen. 12. Ein Transporter hat einen Ersatzwagen hinter sich hergezogen. 13. Der Fahrer ist mit einem Ruck angefahren. 14. Zum Glück hat er niemanden angefahren. 15. Die Wagen sind davongejagt. 16. Der ohrenbetäubende Lärm der Motoren hat einige Zuschauer in die Flucht gejagt.

Übung 3: 1. Sicherheitskräfte sind durch das Gelände gestreift. / Sicherheitskräfte haben das Gelände durchstreift. 2. Ballonfahrer sind während des Rennens über das Gelände geflogen / haben das Gelände überflogen. 3. Die Rennfahrer sind in ihre Rennwagen gestiegen / haben ihre Rennwagen bestiegen. 4. Ein Rennwagen ist durch eine Absperrung gefahren / hat eine Absperrung durchfahren. 5. Die Rennfahrer sind um den verunglückten Wagen herumgefahren / haben den verunglückten Wagen umfahren. 6. Einige Fans sind auf die Ehrentribüne geklettert / haben die Ehrentribüne erklettert. 7. Der Sieger ist zur Siegerehrung auf das Siegerpodest gestiegen / hat das Siegerpodest bestiegen. 8. Einige Fans sind über die Absperrungen gesprungen / haben die Absperrungen übersprungen.

Übung 4: Bald nachdem Brigitte und Thomas in den Stand der Ehe getreten waren, ist das erste Kind zur Welt gekommen. Damit ist ihr größter Wunsch in Erfüllung gegangen. Die junge Mutter ist sehr liebevoll mit ihrem Kind umgegangen. Dem jungen Vater ist diese Fürsorge manchmal zu weit gegangen. Und das Kindergeschrei ist ihm oft auf die Nerven gegangen. Trotzdem ist er nicht aus der Haut gefahren. Im Gegenteil: Bei der Kinderpflege ist er ihr oft zur Hand gegangen. Und wenn das Kind geschlafen hat, ist er wie auf Eiern durch die Wohnung gegangen. Allerdings ist Thomas bei seiner Frau immer mehr in den Hintergrund getreten. In ihren Gesprächen ist es fast nur noch um das Kind gegangen. Finanziell sind sie über die Runden gekommen, obwohl das Kind ins Geld gegangen ist. Der vielbeschäftigten Mutter ist zu Hause mit der Zeit die Decke auf den Kopf gefallen. Brigittes Unzufriedenheit ist klar zutage getreten. Deshalb ist sie auf die Idee gekommen wieder halbtags zu arbeiten. Thomas ist sofort auf diesen Vorschlag eingegangen. Sein Organisationstalent ist jetzt voll zum Zuge gekommen. Mit seiner Hilfe ist die Arbeitssuche glatt über die Bühne gegangen. Brigitte ist bei einer angesehenen Firma untergekommen. Gleichzeitig ist eine akzeptable Kinderfrau in Erscheinung getreten. Das neue Leben ist manchmal über Brigittes Kräfte gegangen, aber im Allgemeinen ist die junge Familie mit der neuen Organisation ihres Alltags gut zurechtgekommen.

Übung 5: 1. Sie ist mit der Tür ins Haus gefallen und (ist) nicht wie die Katze um den heißen Brei herumgegangen/herumgeschlichen. 2. Er ist aus allen Wolken gefallen. 3. Das ist ihm gegen den Strich gegangen. 4. …, bis ihm der Hut hochgegangen ist. 5. … und sei nicht aus dem Rahmen gefallen. 6. Schon bisher ist sie auf keinen grünen Zweig gekommen. 7. Sie ist noch nicht auf den (richtigen) Trichter gekommen. 8. … ist er mit ihr hart ins Gericht gegangen. 9. Ihr ist ein Stein vom Herzen gefallen. 10. …, sie ist der Sache bisher noch nicht auf den Grund gegangen.

Übung 6: 1. hat am Kran gependelt 2. ist aus dem Felsen gesprudelt 3. ist hinausgeschwappt 4. hat gesprudelt 5. ist geschossen 6. ist getropft 7. hat getropft 8. hat geschwankt 9. ist geschwebt 10. ist gebummelt 11. ist gewankt 12. haben geflattert 13. hat gebebt 14. ist gependelt 15. ist umgedreht

Übung 7: Im letzten Sommer sind wir einen Tag auf Exkursion gegangen. Wir sind mehrere Stunden mit dem Bus gefahren. Einer der Studenten hat den Bus gefahren. Gleich nach der Ankunft sind wir einen steilen Berg hinaufgeklettert und (sind) auf der Suche nach Steinen den ganzen Bergrücken entlanggelaufen. So sind wir den halben Tag durch die Natur gestreift. Plötzlich ist ein Student ausgerutscht und (ist) den Hang hinuntergestürzt. Wir sind dann auch den Berg hinuntergerannt und (sind) ihm zu Hilfe gekommen. Zwei haben ihn zum Bus getragen und (haben ihn) gleich ins Krankenhaus gefahren. Wir sind zu Fuß zum nächsten Ort gegangen. Wir sind drei Stunden marschiert und (sind) dann mit dem Zug zurückgefahren. So hat die Exkursion ein vorzeitiges Ende gefunden.

Übung 8: 1. …, bin ich Bus / Straßenbahn / Rad / Zug gefahren. 2. … bin ich … Schlittschuh gelaufen. 3. … bin ich … Galopp / Schritt / Trab geritten. 4. … bin ich Achterbahn / Karussell / Riesenrad gefahren. 5. … bin ich nicht mehr Ski gelaufen. 6. … bin ich Boot / Kahn / Kajak / Kanu / Schiff gefahren. 7. Ich bin … Auto / Motorrad gefahren. 8. … bin ich Lift / Seilbahn / Schlitten / Ski / Boot gefahren; … Rollschuh / Ski gelaufen. 9. … bin ich Sturm gegen … gelaufen.

Übung 9: 1. Er ist noch nie größere Strecken ohne Sicherheitsgurt gefahren. 2. Er ist noch nie mehr als acht Stunden … Auto gefahren. 3. Er hat seine neuen Autos … gut eingefahren. 4. Er ist noch nie … gerast. 5. Er hat noch nie einen Radfahrer angefahren. 6. Er ist … immer Schritt gefahren. 7. Er hat noch nie etwas umgefahren. 8. Er hat sich … selten verfahren. 9. Er ist noch nie Gefahr gelaufen … 10. Er hat … Kollegen nach Hause gefahren. 11. Er ist gegen … Sturm gelaufen. 12. Er ist … noch nie Auto gefahren.

Übung 10: 1. ist/hat geschwommen 2. ist geklettert 3. hat/ist gesurft 4. ist gesurft 5. ist geschwommen 6. haben/sind gerodelt 7. sind gerodelt 8. ist geritten 9. hat/ist gerudert 10. ist gerudert

Übung 11: 1. sind sich in die Haare geraten 2. hatte sich verspätet 3. waren sich auf die Nerven gegangen 4. waren sie sich nie in den Rücken gefallen 5. sind sie sich aus dem Wege gegangen 6. sind sie sich in die Quere gekommen 7. sind sie sich begegnet 8. sind sich entgegengekommen 9. sind sie sich nicht ausgewichen, sondern haben sich aufeinander zu bewegt und sind sich um den Hals gefallen 10. sind sie sich wieder näher gekommen

Übung 12: Zustand: (2) (4) (7) (9) (13) (18) (19) Zustandsveränderung: (1) (3) (5) (6) (8) (10) (11) (12) (14) (15) (16) (17) (20)

Übung 13: 1. Die Suppe hat gekocht. (Zustand) – Sie ist übergekocht. (Zustandsveränderung) 2. Das Mädchen hat gekränkelt. (Zustand) – Es ist aber nicht ernsthaft erkrankt. (Zustandsveränderung) 3. Er ist um sechs aufgestanden. (Zustandsveränderung) – Er hat lange an der Haltestelle gestanden. (Zustand) 4. Das Kind ist schnell eingeschlafen (Zustandsveränderung) – Es hat zwölf Stunden geschlafen. (Zustand) 5. Es hat gestern getaut. (Zustand) – Das Eis ist aufgetaut. (Zustandsveränderung) 6. Tom ist spät aufgewacht. (Zustandsveränderung) – Ein Krankenpfleger hat bei ihm gewacht. (Zustand) 7. Das Feuer hat lichterloh gebrannt. (Zustand) – Das Haus ist ausgebrannt. (Zustandsveränderung) 8. Es ist Sachschaden entstanden. (Zustandsveränderung) – Es hat ausreichend Versicherungsschutz bestanden. (Zustand) 9. Sie hat mehrere Wochen im Krankenhaus gelegen. (Zustand) – Sie ist der Krankheit erlegen. (Zustandsveränderung)

Übung 14: 1. …, wo Land durch viel Wasser versumpft ist. 2. …, die versteppt sind. 3. das versandet ist. 4. die durch Entwaldung verkarstet sind. 5. also versteinert sind. 6. die verkalkt sind. 7. die verrostet/gerostet sind. 8. die verschimmelt sind. 9. die verstaubt sind. 10. das verrußt ist. 11. die vereist sind. 12. weil Feuchtigkeit verdunstet war. 13. wenn eine Flüssigkeit vollständig verdampft ist. 14. wenn Glas zersplittert ist.

Übung 15: 1. …, der erblindet ist. 2. …, der erkrankt ist. 3. die ergraut sind 4. die erschlafft sind 5. die verblasst sind 6. das gereift ist 7. die verfault sind 8. die verwelkt sind 9. der verwildert ist 10. die verödet sind 11. die erkaltet ist 12. der gealtert ist

Übung 16: 1. …, ist sie verkommen. 2. …, ist es verfallen. 3. ist sie vertrocknet 4. ist sie eingegangen 5. sind viele Pflanzen erfroren 6. sind bereits viele Tier- und Pflanzenarten ausgestorben 7. sind sie verdorben 8. sind sie verkümmert 9. ist er verunglückt 10. ist er gestorben 11. ist er ertrunken 12. ist er erstickt 13. ist er verdurstet 14. ist er verhungert

Übung 17: 1. Nach dem Baden haben wir unsere Haare getrocknet. 2. Unsere Handtücher sind … getrocknet. 3. Unser ganzer Proviant ist … verdorben. 4. Das hat uns den Spaß … verdorben. 5. Beim Abspülen ist das … Glas zerbrochen. 6. Das Kind hat eine Tasse zerbrochen. 7. Der Hausmann hat Erdbeeren … aufgetaut. 8. Im warmen Zimmer sind die Erdbeeren … aufgetaut. 9. Eines Tages ist Anne die Geduld gerissen. 10. Sie hat ihrem Freund den Brief aus der Hand gerissen. 11. Sie hat die Verbindung … abgebrochen. 12. Auch der Kontakt … ist bald abgebrochen. 13. Anne ist … fast das Herz gebrochen. 14. Die Autofahrt hat den Fah-

rer ermüdet. 15. Dieser ist sonst nicht … ermüdet.

Übung 18: 1. Kinder haben gestern abend im Schuppen eines Bauernhofs Papier verbrannt. 2. Dabei ist im Schuppen ein Feuer ausgebrochen. 3. Das Holz im Schuppen ist verbrannt. 4. Der Schuppen ist bis auf die Grundmauern niedergebrannt. 5. Fast wäre auch ein daneben stehendes Haus abgebrannt. 6. Durch die Hitze ist das Plexiglas der Veranda geschmolzen. 7. Die Feuerwehr hat das Feuer nicht gleich erstickt. 8. Im Qualm wären die Feuerwehrleute fast erstickt. 9. Schließlich hat die Feuerwehr das Feuer gelöscht.

Übung 19: Direktor: Ist in meiner Abwesenheit irgend etwas Aufregendes passiert? Assistent: Nein, es hat sich nichts Aufregendes ereignet. Dir.: Sind Schwierigkeiten aufgetreten? Ass.: Erfreulicherweise ist nichts schief gegangen. Dir.: Sind alle Laborarbeiten und Versuche nach Plan verlaufen? Ass.: Ja, alles hat wie geplant geklappt, kein Versuch ist missglückt. Auch ist keinem der Mitarbeiter ein schwer wiegender Fehler unterlaufen. Dir.: Ist auch privat keinem Mitarbeiter etwas zugestoßen? Ass.: Nein, es ist wirklich nichts Beunruhigendes vorgefallen. Dir.: Haben die Vorlesungen und Übungen regelmäßig stattgefunden? Ass.: Auch hier sind keine Unregelmäßigkeiten vorgekommen. Dir.: Und was ist in der Zwischenzeit hinsichtlich der beantragten Laborerweiterung geschehen? Ass.: Da hat sich allerdings manches Neue zugetragen: In den Verhandlungen … ist ein Stillstand eingetreten. Von unserer Seite sind keine Anstrengungen unterblieben … Die Verhandlungen sind zwar nicht … fehlgeschlagen, aber auf unseren Kompromissvorschlag ist bisher keine Reaktion erfolgt. Schon im Vorfeld haben sich merkwürdige Dinge abgespielt. Gestern ist es … gelungen, das Bauvorhaben auf die Liste … zu setzen.

Übung 20: Im Hamburger Hafen hat sich … ereignet. Dabei ist Folgendes geschehen: Ein Frachter hat … gerammt. Er ist nicht… hindurchgefahren, sondern ist gegen … geprallt. Dabei ist … eingestürzt, Brückenteile sind … gefallen. Das Schiff hat … gestreift und hat es eingedrückt. Die beiden Wächter sind … davongekommen. Der Frachter hat … beschädigt. Zusätzlich ist … abgerissen. An der Brücke ist … entstanden. Der Frachter selbst ist … geblieben. Er hat … transportiert. Ein Schlepper hat … begleitet. Im Hafen hat sich … gestaut. Die Polizei hat … gesperrt.

Übung 21: Mit dem Schlusspfiff … hat … eine lange Jubelnacht begonnen. Sie hat für viele … bis weit nach Mitternacht gedauert. Sekt ist … geflossen. Die Nachricht vom Sieg hat sich … verbreitet. Aus Wohnungen, … sind die Menschen … geströmt. Fußballfans sind … durch die Straßen gezogen. Autos haben sich … gedrängt. Sie sind … durch die Innenstadt gefahren. In einigen Städten hat man Busse … aus dem Verkehr gezogen. Sie sind erst … zum Einsatz gekommen. Zum Schluss ist es noch zu … gekommen, die Verletzte … gefordert haben. Auch Schaufensterscheiben sind zu Bruch gegangen. Die Polizei hat … eingegriffen. Am nächsten Tag haben alle Zeitungen … die Vorfälle kommentiert und verurteilt.

Übung 22: Ein … Mopedfahrer hat die Kreuzung … überquert. Auf seinem Anhänger hat sich … befunden. Mitten auf der Kreuzung hat sich … gelöst und es ist heruntergefallen. Der Mopedfahrer ist … erschrocken und (ist) sofort abgestiegen. Auf den … Straßen ist sofort … entstanden. Unglücklicherweise hat es … geregnet. Dem Mopedfahrer ist es nicht gelungen, das Moped … auf seinen Anhänger zu laden – es hat … nicht geklappt. Kaum hat die eine Hälfte … gelegen, war sie … heruntergerutscht. Ihm selbst ist es … schwer gefallen, das Gleichgewicht zu halten. Die … Anstrengungen haben ihn ermüdet und seine Kräfte haben nachgelassen. Die Autofahrer haben … beobachtet, haben gelacht, geflucht und gehupt, aber niemand ist ausgestiegen. Auch Fußgänger sind stehen geblieben und haben das Geschehen verfolgt. Aber niemand ist … gekommen dem unglücklichen Mopedfahrer zu helfen. Dann ist etwas Unerwartetes geschehen. Eine … Dame ist … erschienen. Entschlossen ist sie auf … zugegangen. Sie ist sehr … aufgetreten. Sie hat … angefasst und hat es … geladen. Sie hat ihm geholfen, es … zu befestigen. Dem … Mopedfahrer hat es … verschlagen. Er hat ihr

… zugelächelt. Dann hat er … bestiegen und ist davongefahren.

Übung 23: Der Schiefe Turm von Pisa ist … noch immer nicht eingestürzt. Aber am 6. Januar 1990 ist etwas geschehen, was niemand für möglich gehalten hatte. Der Turm ist … zum ersten Mal … geschlossen worden. Bereits in den Mittagsstunden hatten sich … versammelt. Kurz vor 15 Uhr sind die letzten Touristen … hinaufgestiegen. Zuvor hatten sie … Schlange gestanden. Die Bauarbeiten haben … begonnen. Die Idee von der Schließung … war … ausgegangen. Er hatte die Debatte … begonnen, (…) Das hatte eine … Diskussion ausgelöst. In Pisa war es zu … gekommen. Die Stadt war … in Panik geraten. (…), denn schon immer hat die Stadt Pisa vom … gelebt. Allein durch die Eintrittskarten … sind jährlich … in die Kassen … geflossen. Die meisten Touristen sind nämlich wegen … gekommen: Sie haben ihn bestiegen und sind dann … gebummelt. So sind die meisten Gäste nur … geblieben, haben aber viel Geld … gelassen. Seit 1922, als man … verkauft hatte, sind fast 18 Millionen Menschen auf … gestiegen. Entsprechend sind auch die Einnahmen … gewachsen. Der Besucherrekord … hat … alle Erwartungen überstiegen. Der … überhängende Turm ist jedes Jahr … schiefer geworden. Im April 1992 hat der Neigungswinkel … betragen. Bei Messungen sind Experten … gelangt. Die Neigung … hatte schon … eingesetzt. Deshalb hatte man die Bauarbeiten … unterbrochen. Erst zwischen 1350 und 1370 war es gelungen, die … Seitdem hat sich der Zustand … verschlechtert.

§ 2

Übung 1: Der Produzent hofft auf einen Verkaufserfolg. / Der Produzent erhofft einen Verkaufserfolg. 2. Er zweifelt nicht an der Qualität des Drehbuchs. / Er bezweifelt die Qualität des Drehbuchs nicht. 3. Der Regisseur zögert mit der Verteilung der Rollen / zögert die Verteilung der Rollen hinaus. 4. Er schweigt noch über die Besetzung der Hauptrollen / verschweigt noch die Besetzung der Hauptrollen. 5. Die hohen Produktionskosten lasten auf dem Produzenten / belasten den Produzenten. 6. Der Regisseur antwortet geduldig auf alle Fragen des Produzenten / beantwortet geduldig alle Fragen des Produzenten. 7. Die Regieassistentin wartet mit Spannung auf den Drehbeginn / erwartet mit Spannung den Drehbeginn. 8. Sie bittet um einen Vorschuss / erbittet einen Vorschuss. 9. Das Filmteam folgt gewissenhaft den Anweisungen des Regisseurs / befolgt gewissenhaft die Anweisungen des Regisseurs. 10. In dem historischen Film herrscht ein Tyrann über ein ganzes Volk / beherrscht ein Tyrann ein ganzes Volk.

Übung 2: 1. Einige lagen auf der hintersten Sitzreihe. 2. Leere Pappbecher standen auf den Bänken. 3. An ihren Hemden steckten Buttons. 4. Ihre Jacken lagen auf dem Boden. 5. Knallrote Fähnchen steckten im Rasen. 6. An der Umrandung des Spielfeldes hingen große Werbeplakate. 7. Einer der Trainer stand am Rande des Spielfelds. 8. Der Trainer … saß in der hintersten Reihe des Stadions. 9. Der Sportteil einer Tageszeitung lag auf seinen Knien. 10. Einige Spieler saßen neben ihm.

Übung 3: 1. Der Bademeister hat es auf die Leine im Waschraum gehängt. 2. Er hat sie in die Schublade im Kassenraum gelegt. 3. Er hat es in den Abstellraum gestellt. 4. Er hat ihn in die Tasche gesteckt. 5. Er hat sie gebeten sich ins Restaurant zu setzen. 6. Er hat es auf den Tisch im Kassenraum gelegt. 7. Er hat ihn in den Geräteschuppen gelegt. 8. Er hat ihn in den Schrank gestellt. 9. Er hat ihn auf die Liegewiese gestellt. 10. Er hat sie in das Regal im Kassenraum gelegt.

Übung 4: 1. verschwendet – verschwunden 2. geschwemmt – geschwommen 3. gesprengt – gesprungen 4. gesenkt – gesunken 5. gesteigert – gestiegen 6. erschreckt – erschrocken 7. gefällt – gefallen; gefallen

Übung 5: 1. ist gesunken – haben gesenkt 2. ist gesunken 3. versunken 4. ist gesunken 5. ist gesunken – hat (sich) gesenkt 6. gesenkt – gesenktem 7. ist gesunken 8. gesenkt 9. ist gesunken 10. hat (sich) gesenkt

Übung 6: 1. hat gesteigert 2. ist gestiegen 3. sind gestiegen 4. hat (sich) gesteigert 5. ist (an)gestiegen 6. hat gesteigert 7. sind gestiegen 8. ist gestiegen 9. hat (sich) gesteigert

Übung 7: 1. ist aufgeschreckt 2. ist zusammengeschreckt – hochgeschreckt 3. erschreckt hat 4. zurückgeschreckt ist 5. haben abgeschreckt 6. erschreckt hat 7. ist erschrocken

Übung 8: *bewegen:* 1. hat bewegt 2. hat bewogen 3. hat bewegt 4. haben bewogen – *gären:* 1. hat gegoren 2. hat gegärt – *schaffen:* 1. hat geschafft 2. hat geschaffen/geschafft 3. geschaffen 4. hat geschafft 5. haben geschafft 6. geschaffen – *scheren:* 1. hat geschoren 2. hast geschert – *schleifen:* 1. hat geschleift 2. geschliffen 3. geschliffen 4. geschliffene – *senden:* 1. zugesandt 2. gesendet 3. gesandt 4. gesendet hat 5. zugesandt hast – *wachsen:* 1. ist gewachsen 2. ist gewachsen 3. erwachsen – *weichen:* 1. hat aufgeweicht 2. sind aufgeweicht 3. sind ausgewichen 4. ist gewichen – *wenden:* 1. hat (sich) gewendet / gewandt 2. hat angewendet / angewandt 3. hat verwendet / verwandt 4. hat gewendet 5. gewendet haben 6. entwendet hat 7. hat (sich) gewendet – *wiegen:* 1. hat gewiegt 2. hat gewogen 3. hat gewogen

Übung 9: geschafft – gewogen – abgesandt – bewogen – gesendet – gegärt – geschert

Übung 10: 1. hat Kuchen gebacken – hat Mehl abgewogen – hat Rosinen eingeweicht 2. hat den Braten gewendet – hat sich hin und her bewegt 3. hat Tobias gelegen 4. hat ein Mülleimer gestanden – das hat den Hausmann bewogen, … 5. hat Messer geschliffen 6. ist nicht vom Herd gewichen 7. hat er den Blick zugewendet / zugewandt 8. ist fast das Herz geschmolzen 9. „Wie hast du das nur geschafft!", hat sie gesagt und hat den Tisch gedeckt.

Übung 11: 1. abgesandt – bewogen 2. nahe gelegt – gewogen – geschafft 3. bewegt – geschafft 4. geschaffen – geschafft 5. gewendet / gewandt – ausgehangen 6. erloschen 7. gestellt 8. beschafft – gesteckt – abgesandt 9. gehängt 10. geschaffen – geschafft

Übung 12: 1. legten – hängten 2. setzten – sind aufgestanden – haben (sich) aufgestellt 3. standen 4. sitzen – scherten 5. verschwendete 6. hängte – bewegte – senkte 7. schwanden – gefallen – sprang … ab 8. lagen – gelegt 9. setzten – saßen 10. bewegten – schleiften 11. stieg 12. steckte – hängte

Übung 13: hing – hat aufgeschreckt – hat bewogen – hat gelegt – hat gelegen – hat geschaffen/geschafft – lag – haben (sich) gewendet / gewandt – hat aufgewendet / aufgewandt – gehängt – hat gesteigert – hat gelegt – hat gewiegt – ist verschwunden

§ 3

Übung 3: 1. … wichtige Termine zu besprechen / abzusprechen 2. … ein Thema gründlich auszuarbeiten / zu bearbeiten. 3. … Türen abzuschließen / zu verschließen. 4. … unglaubwürdige Behauptungen zu bezweifeln / anzuzweifeln. 5. … steile Berge hinaufzusteigen / zu besteigen. 6. … immer und überall zu gefallen / aufzufallen.

Übung 4: 1. zu erziehen – zu verziehen 2. zu entlassen – zuzulassen 3. nachzudenken – zu bedenken 4. zu zerbrechen – zusammenzubrechen

Übung 5: 1. freigesprochen – versprochen 2. befallen – abgefallen 3. verfallen – aufgefallen 4. verladen – ausgeladen 5. eingeschätzt – verschätzt 6. aufgeregt – erregt

Übung 6: erfand – hinterließ – hatte … angestellt – zurückgestellt – beschloss – aufzunehmen – fortzuführen – kehrte … zurück – ermöglichte – einzustellen – zu hinterfragen – misslangen – setzte … fort – entwickelte – herstellte – steckte … hinein – brachte … ein – abzudecken – verkaufte – verbesserte – ging … zurück – verlor – nahmen … zu – drückte … herab – brachte … herein – wird hergestellt

Übung 7: hat … einberufen – anberaumt – einzubeziehen – setzt … voraus – vorzuenthalten – umzugestalten – zu beurteilen – veruntreut – abverlangt wird – herabzusetzen – zu beanspruchen – verabscheuen – bevormundet – hineingeredet wird – hatte … verunsichert – hat … beunruhigt – zuvorzukommen – ist … übereingekommen – auseinanderzusetzen – stimmten … überein – zu veranstalten

Übung 8: 1. wiedergekommen 2. widersprochen 3. wiederholt 4. wiederbekommen 5. widerfahren 6. widergespiegelt 7. widerstrebt 8. wiedergebracht 9. wiederzuhaben 10. zu widerrufen 11. widergehallt 12. hat sich … widersetzt

Übung 9: 1. übertraf 2. griff ... durch 3. unterließ 4. leitete ... über 5. überarbeitete 6. brachte ... unter

Übung 10: 1. überschätzt 2. überfordert 3. unterstützt 4. durchgebracht 5. durchgefeiert 6. untergegangen

Übung 11: 1. zu überschlagen 2. zu überreden 3. zu überzeugen 4. durchzusprechen 5. unterzuordnen 6. durchzusehen

Übung 12: trennbar: durchkommen, untertauchen, durchlassen, sich nicht unterkriegen lassen, übersiedeln, durchstreichen, durchhalten, durchregnen – untrennbar: unterbleiben, überblicken, überqueren, durchleben, unterwerfen, überlassen, übertreiben, übersenden, unterschreiben, übersiedeln, überdenken, überdauern, überweisen, durchsuchen

Übung 13: Veränderung: umfallen, umleiten, sich umblicken, umwehen, umtauschen, sich umziehen, umgraben, umsteigen, umwenden, umformen, umrennen, umstülpen, umerziehen, umbetten, umstimmen – kreis- oder bogenförmige Bewegung: umklammern, umfassen, umschwärmen, umarmen, umrunden, umwickeln

Übung 14: Frau Müller hat 1. das Wohnzimmer umgeräumt. 2. einige Bilder umgehängt. 3. die Kinder am Esstisch umgesetzt. 4. Blumen umgepflanzt. 5. ihren Garten umgestaltet. 6. eine geplante Reise umgebucht. 7. lange gehegte Wünsche in die Tat umgesetzt. 8. auf Ernährungsberaterin umgeschult.

Übung 15: 1. umzurühren 2. umzublättern / umzuschlagen 3. umzukrempeln / umzuschlagen 4. umzukrempeln 5. umzukehren / umzudrehen 6. umzudrehen 7. umzuhören / umzusehen 8. umzuhören / umzuschauen / umzutun

Übung 16: 1. umzubiegen 2. warfen ... um 3. stießen ... um 4. umzuknicken 5. umgestürzt 6. umgekippt 7. umzustoßen 8. fiel ... um

Übung 17: 1. umschlossen 2. umfahren 3. umspielt 4. umhüllt 5. umgeben 6. umzäunt 7. umrankt 8. umringt

Übung 18: 1. umkämpft 2. umfasst 3. umgeben – umringt 4. umgedacht 5. umrandet 6. umfunktioniert 7. umbenannt 8. umgebildet 9. umstrukturiert 10. umlagert – umjubelt

Übung 19: A: 1. überzugehen 2. überzutreten 3. zu unterhalten 4. zu durchlaufen 5. sich bei ... zu unterziehen 6. zu überstehen 7. sich bei ... unterzustellen – B: 1. zu überziehen 2. überzugehen 3. zu übertreten 4. zu unterstellen 5. zu untergraben 6. zu übergehen 7. sich mit ... zu überwerfen 8. zu übersetzen

Übung 20: 1. umstellte 2. hat ... umgestellt 3. ging ... um 4. zu umgehen 5. hat ... umrissen 6. zu umschreiben 7. geht ... um 8. umgefahren 9. umfährt 10. umgeht 11. hat ... umgeschrieben 12. zu umschreiben 13. zu umgehen 14. umzugehen 15. umzustellen

Übung 21: überprüft – überzieht – unterlässt – setzt voraus – missdeutet – unterschlägt – übernimmt – setzt ... um – überbewertet – unterstellt – durchkreuzt – bricht ... ab

Übung 22: 1. umgestoßen – hinterfragt 2. überlegt – überprüft 3. zu übersehen – überarbeitet 4. überschlagen 5. überfallen – überfordert – unterlegen 6. umgestimmt – unterstellt 7. unterhalten – überzeugt 8. unterlassen – zu unterrichten – übergangen 9. unterschätzt – durchkreuzt 10. umzusetzen

Übung 23: überlegt – wache ... auf – schlafe ... weiter – nehmen sich ... wahr – beobachten sich – haben ... entdeckt – bewegt ... hin und her – wurde ... eingeleitet – sich ... vorgestellt hat – durchlaufen – haben ... festgestellt – hat herausgefunden – gehen ... nach – übergehen – überdenken – unterliegen – schlägt sich ... nieder – unterbrochen wird

Übung 24: zu reduzieren – einzusparen – unternommen – ausdiskutiert – hält ... bereit – halten ... stand – abzusenken – sichergestellt – eingeschränkt – überschreiten – verabschiedet – eingebaut – ergriffen – unterschritten – arbeitet

... aus – eingeführt – einbezogen – vorgeschrieben – zu erreichen – einzuhalten – freigesprochen – sieht ... vor – veranlasst

Übung 25: angereist – ausgestiegen – umzuschauen – umgeben – überragt – herum geführt
– hinzuweisen – unternommen – anzupassen –
festzustellen – durchgeführt – fährt fort – zu
überstehen – abbekommen – herangewagt –
zu umgehen – abzureißen – umzubauen – um-
gewandelt – erweitert – umgestaltet –
ausgestattet – herumzutoben – umbenannt –
veranstaltet – eingeladen – ausgewandert –
zurückgekehrt – zurechtzufinden – zu erhalten
– anzumerken – aufgenommen – zugewiesen –
vorübergegangen – hinterlassen – umzudenken
– umfahren – freigehalten – umgestellt – auszusetzen – umgestiegen – veranlasst – zu überdenken – sich angeschafft – hervorgeholt – angelegt – verunsichert – hereingebrochen –
unterbrochen – abgeschlossen

§ 4

Übung 1: Im Jahre 1589 wurde ... der 25-
jährige Galilei von der Universität Pisa zum
Professor berufen. Ein paar Jahre später wurde
er an die Universität in Padua gerufen. (...) Sein
Buch ... wurde innerhalb von zwei Monaten
verkauft. Die Zeitgenossen Galileis wurden
durch seine Thesen in ihrem Weltbild zutiefst
erschüttert. Von der Kirche der damaligen Zeit
wurden seine Ideen bestritten. Er wurde im
Jahre 1632 vor das Inquisitionsgericht ... geladen. Auf Befehl des Papstes wurden ... seine
Thesen überprüft. Vom Inquisitionsgericht
wurde daraufhin seine Lehre verurteilt. Er wurde ... zum Widerruf gezwungen. (...) Dennoch
wurde er lebenslänglich ... verbannt. Sein Buch
... wurde verboten. Es wurde aber ... ins Ausland gebracht. Dort wurde es veröffentlicht.
Von der Kirche wurde er bis zu seinem Tod ...
überwacht. Seine Erkenntnisse wurden von der
Nachwelt begeistert aufgenommen. Galilei
wird heute als Begründer der ... bezeichnet.
Mehrfach ist Galileis Konflikt ... zum Stoff
dichterischer Darstellungen gewählt worden.

Übung 2: 1. Die ganze Stadt wurde von der
Fußballbegeisterung erfasst. 2. Die erfolgreiche
Mannschaft wurde von Autogrammjägern
umringt. 3. In einigen Stadtteilen wurde bedauerlicherweise großer Schaden angerichtet.
4. Aus allen Stadtteilen wurden Zwischenfälle
gemeldet. 5. Es wurden Flaschen geworfen.
6. Aus Übermut wurden Fensterscheiben einge-
schlagen. 7. Es wurden Angriffe auf Passanten
beobachtet. / Angriffe auf Passanten wurden
beobachtet. 8. Der Verkehr wurde durch wild
durcheinander parkende Autos blockiert.
9. Hemmungslos wurden Autos beschädigt.
10. Etliche Verkehrsunfälle wurden registriert.
11. Einige Fußballfans wurden wegen Trunken-
heit vorläufig festgenommen. 12. Es wurden
Überlegungen angestellt, wie sich Gewalt bei
Sportveranstaltungen vermeiden lässt.

Übung 3: 1. Meistens wird schon im Morgen-
grauen gestartet. 2. Beim Wandern wird gern
und viel gesungen. 3. Mehrere Stunden wird in
zügigem Tempo gewandert. 4. Zwischendurch
wird immer wieder einmal gerastet. 5. Mittags

wird an einem besonders schönen Platz gepick-nickt. 6. Es wird gelacht und gescherzt. 7. Un-unterbrochen wird fotografiert. 8. Meist wird am Ende in einer gemütlichen Gastwirtschaft eingekehrt. 9. Es wird gegessen und getrunken. 10. Geraucht wird nicht mehr soviel wie früher. 11. Über alles mögliche wird geplaudert, er-zählt oder diskutiert. 12. Auch über frühere Wanderungen und gemeinsame Erlebnisse wird gesprochen.

Übung 4: 1. wird 2. wird 3. wird 4. werden 5. wird 6. werden 7. wird 8. wird 9. werden 10. wird 11. wird 12. wird 13. werden 14. wer-den 15. wird

Übung 6: Im letzten Jahr konnte endlich die Umgehungsstraße fertig gestellt werden. Auch das öffentliche Verkehrsnetz konnte großzügig ausgebaut werden. Für bessere Verkehrsverbin-dungen … können nun … wieder Gelder be-reitgestellt werden. Vor allem muss die Reno-vierung des Rathauses … in Angriff genommen werden, damit diese Gebäude beim … Jubiläum … eingeplant werden können. Für die Finanzie-rung der … Renovierungsarbeiten konnten von der/durch die Oberbürgermeisterin … Sponso-ren gewonnen werden. Hätte im vorletzten Jahr nicht das Konzerthaus vergrößert werden müssen, hätte bestimmt … das Schwimmbad modernisiert werden können. Das muss nun … nachgeholt werden. Nach Fertigstellung aller … Gebäude können dann von den Bürgern die Stadtfeste … gefeiert werden. Das städtische Krankenhaus konnte bislang noch nicht umge-baut werden. Vom Finanzressort wurde be-kannt gegeben, dass das dafür notwendige Geld bisher noch nicht habe aufgebracht werden können. Deshalb mussten die Baumaßnahmen leider um ein Jahr zurückgestellt werden. Auch konnte den Frauen bisher kein Gebäude … zur Verfügung gestellt werden. Der Kauf eines pas-senden Gebäudes konnte von der Stadt bisher nicht finanziert werden. Um so großzügiger kann … die Jugendarbeit unterstützt werden. Hier darf der Rotstift auf keinen Fall angesetzt werden.

Übung 7: In der Presse wird immer wieder darauf hingewiesen, dass die Vorschriften be-achtet werden müssen. … Es ist klar, dass das

Trinkwasser nicht durch gesundheitsgefährden-de Stoffe verschmutzt werden darf. Nach Mög-lichkeit sollte für die Wasserversorgung Grund-wasser … verwendet werden. Durch die Anlage von Brunnen konnte die Grundwassererfassung … wesentlich erhöht werden. Damit Quellwas-ser als Trinkwasser verwendet werden kann, müssen Quellen … vor Verschmutzung ge-schützt werden. Sie müssen deshalb eingefasst werden. Wegen des steigenden Wasserbedarfs muss aber auch auf Oberflächenwasser … zurückgegriffen werden. Es muss aufbereitet (werden), d. h. von Giftstoffen gereinigt wer-den. Vor allem durch Filter können Schadstoffe … entfernt werden. Leider kann aber bei der Reinigung … nicht immer auf Chlor verzichtet werden. Da die Bevölkerung von den Städten mit sauberem Wasser versorgt werden muss, muss das Trinkwasser regelmäßig … überprüft werden. Außerdem muss von ihnen viel Geld in … investiert werden. Es wäre zu fragen, ob mit einem verstärkten Schutz des Trinkwassers nicht schon viel früher hätte begonnen werden müssen. Heute steht fest, dass die Gefahren … schon viel früher hätten erkannt werden kön-nen. Die Trinkwasservorschriften hätten schon vor langem verschärft werden müssen. Auch sollte Trinkwasser nicht so leichtfertig ver-schwendet werden, …

Übung 8: 1. Die Bürger wollen nicht mehr ständig überwacht werden. 2. Die bisherigen Machthaber sollen vor Gericht gestellt werden. 3. Sie wollen an der Meinungsbildung beteiligt werden. 4. Sie wollen wie mündige Bürger be-handelt werden. 5. In den Betrieben sollen Mit-bestimmungsmodelle eingeführt werden. 6. Sie wollen über alle öffentlichen Angelegenheiten informiert werden. 7. Freie Wahlen sollen durchgeführt werden. / Es sollen freie Wahlen … werden. 8. Die Menschenrechte sollen ge-achtet werden. 9. Sie wollen gleich behandelt werden. 10. Das Demonstrationsrecht soll in die Verfassung aufgenommen werden. 11. Alle Parteien sollen zugelassen werden. 12. Die Wirtschaft soll liberalisiert werden.

Übung 9: Zunächst soll durch Umfragen fest-gestellt werden, mit welchen Verkehrsmitteln die Arbeitnehmer zur Arbeit fahren. Ein Ver-kehrschaos soll verhindert werden. / Es soll ein

Verkehrschaos ... werden. Zu diesem Zweck soll der Straßenraum neu verteilt weden. Für Radfahrer und Fußgänger soll ausreichend Platz geschaffen werden. Radfahrer und Fußgänger wollen als gleichberechtigte Verkehrsteilnehmer behandelt werden. Außerdem soll der Umstieg der Autofahrer auf öffentliche Verkehrsmittel beschleunigt werden. Deshalb sollen die öffentlichen Verkehrsmittel attraktiver gemacht werden. Um das zu erreichen sollen verbilligte Firmentickets eingeführt werden. Im Verkehrsministerium soll ein Konzept entwickelt werden, nach dem große Firmen verbilligte Fahrkarten ... kaufen können. Diese verbilligten Fahrkarten sollen von den Firmen kostenlos an die Arbeitnehmer weitergegeben werden. Die Firmen wollen vom Verkehrsministerium in die Planung einbezogen werden. Dieser Sondertarif soll im ganzen Land angeboten werden. Später sollen auch kleinere Betriebe an dem Projekt beteiligt werden. Diese wollen aber finanziell nicht zu stark belastet werden.

Übung 10: empfehlen, aussuchen, schimpfen, antworten, rechnen mit, verteilen, warten auf, hungern, verwenden

Übung 11: (...) 200 Millionen Jahre wurde die Erde von ihnen beherrscht. (...) Vor 65 Millionen Jahren wurde die Erde von einem riesigen Meteoriten getroffen. Von diesem Meteoriten wurden alle Lebewesen vernichtet, die mehr als 20 Kilogramm wogen, denn als Folge des Meteoriteneinschlags wurde die Sonne viele Jahre lang von Aschenwolken verdunkelt. (...) Jeden Tag stirbt eine Tierart aus, ohne dass von uns etwas dagegen getan wird.

Übung 12: 1976 wurde in der Bundesrepublik die Gurtpflicht ... eingeführt. Seit 1985 wird derjenige mit Bußgeld bestraft, der sich nicht daran hält. (...) Von Gegnern der Anschnallpflicht werden gern Statistiken zitiert, wonach zwar ... ums Leben kommen. (...) Wenn Autofahrer vor den Konsequenzen ihres schlechten Fahrverhaltens geschützt werden, werden sie unvorsichtig. (...) Aus einer Studie ... ergibt sich, dass amerikanische Autofahrer durch verbesserte Bremssysteme zu unvorsichtigen Fahrmanövern ermutigt wurden. Bereits 1976 wurde von Psychologen darauf hingewiesen, dass Autofahrer ... sehr viel rasanter in die Kurven gingen als Fahrer mit normalen Reifen. (...) Durch mehr Sicherheit im Auto wird also ein Anstieg der kollektiven Risikobereitschaft provoziert.

Übung 13: 1. Nein, die alten Wohnheime sind noch nicht renoviert. 2. Nein, bislang sind noch nicht alle Studenten untergebracht. 3. Ja, schon seit Anfang des Semesters sind Notquartiere für obdachlose Studenten eingerichtet. 4. Ja, inzwischen sind schon alle obdachlosen Studenten ... informiert. 5. Ja, die Öffentlichkeit ist schon seit Semesterbeginn über die schwierige Situation ... unterrichtet. 6. Ja, der Bedarf an Zimmern ist schon lange exakt festgehalten. 7. Ja, die Jugendherberge ist bereits in die Planung einbezogen. 8. Nein, bis jetzt ist der Bau weiterer Wohnheime noch nicht geplant.

Übung 14: 2. Dächer sind abgedeckt und Fernsehantennen (sind) umgeknickt. 3. Häuser sind z. T. schwer beschädigt. 4. Deiche sind zerstört. 5. Fast die Hälfte der ... ist überschwemmt. 6. Landstraßen sind wegen Überflutung ... gesperrt. 7. Einige Dörfer sind von der Außenwelt abgeschnitten. 8. Strom- und Telefonleitungen sind unterbrochen. 9. Hunderte von Menschen sind evakuiert. 10. Sie sind in Notquartieren untergebracht.

Übung 15: Das Gericht 1. hat drei Sachverständige geladen. 2. hat keine Journalisten zugelassen. 3. hat die Zeugen bereits vernommen. 4. hat die Beweisaufnahme abgeschlossen. 5. hat den Angeklagten schuldig gesprochen. 6. hat ihn nur zur Zahlung ... verurteilt. 7. hat das Urteil gefällt und verkündet. 8. hat den Fall damit abgeschlossen.

Übung 16: 1. Die Zimmer sind belegt. 2. Die Türen sind frisch gestrichen. 3. Vor dem bissigen Hund wird gewarnt. 4. Das Geschäft ist wegen Umbau geschlossen. 5. Der Tisch ist reserviert. 6. Es sind Winterreifen vorgeschrieben. 7. Im Winter wird nicht gestreut. 8. Der Film ist für Jugendliche ... verboten. 9. Die Karten sind ausverkauft. 10. Hier werden Mietwagen verliehen. 11. In Nichtraucherabteilen wird nicht geraucht. 12. Die Tiefgarage ist besetzt. 13. Der Durchgang ist gesperrt. 14. Der Fahrbetrieb ist seit ... eingestellt.

Übung 17: wird – war – wurden – wird – wurden – sind – wird – wird – wird – ist – werden – werden – ist – ist – werden – wird – werden – werden – ist – ist

Übung 18: werden – ist – werden – werden – ist – ist – werden – werden – ist – wird – wird – sind – wird – werden – ist – sind

Übung 19: Nachts wurde ein Stacheldraht zwischen Ost- und West-Berlin gezogen. Die Straßenverbindungen ... wurden blockiert und die ... Telefonleitungen (wurden) gekappt. Bald danach wurde der Stacheldraht ... ersetzt. In den nächsten Jahren wurde die Absperrung noch weiter perfektioniert. Anfang der 80er Jahre wurde schließlich die alte Mauer ... ersetzt. West-Berlin wurde durch die ... Mauer ringsherum eingeschnürt. Zusätzlich wurden Gräben ... angelegt. Zur Überwachung der Grenze wurden Beobachtungstürme errichtet. Zwischen 1961 und 1989 wurden fast 80 Menschen von Grenzposten an dieser Mauer erschossen. In der Bundesrepublik wird jedes Jahr ... der Menschen, die von Grenzpolizisten ... erschossen oder verletzt wurden, gedacht. Während der friedlichen Revolution ... wurden von Ost-Berliner Demonstranten Teilstücke der Mauer herausgerissen. In den nächsten drei Jahren wurde dann die Berliner Mauer ganz entfernt. Mit dem Abriss ... wurden auch die bunten Bilder ... zerstört. Die Wände waren von anonymen Künstlern mit Graffiti bemalt worden. Viele Mauerstücke wurden versteigert. Das Geld wurde für humanitäre Zwecke verwendet. Nach und nach wurden die alten Telefon- und Straßenverbindungen ... wieder hergestellt.

Übung 20: Von der BRD wurden zwischen 1963 und 1989 fast 34000 Häftlinge ... freigekauft. Auf diesem Weg wurden auch politische Häftlinge befreit. Dieser Menschenhandel wurde von den beiden deutschen Staaten regelmäßig getätigt. Der Tausch ... war von der DDR vorgeschlagen worden. Die ... Häftlinge wurden vom Außenministerium der DDR ausgewählt. Der Kopfpreis betrug ..., ab 1977 wurde er auf ... erhöht. Die DDR bekam nicht nur Bargeld ..., der Freikauf wurde von der BRD auch in Gold bezahlt. In der DDR wurde das Geld ... in ... investiert. Mit den Einnahmen ... konnten die Versorgungsschwierigkeiten ... teilweise beseitigt werden. Die erste Gutschrift wurde von der DDR für Apfelsinen verwendet. Weil die DDR ... viele Häftlinge „verkaufen" wollte, wurden von der Justiz auch unschuldige DDR-Bürger ... verurteilt. Von der BRD wurden solche Häftlinge später nicht mehr freigekauft. Daraufhin wurden in der DDR diese Verurteilungen eingestellt. Die freigekauften Häftlinge wurden ... in die BRD gebracht. Da die Transporte verschwiegen werden sollten, wurden die Häftlinge zum Stillschweigen ermahnt. Während der friedlichen Revolution ... wurde in der DDR eine Amnestie ... erlassen. Damit endete der deutsch-deutsche Menschenhandel.

Übung 21: Bei der Bekämpfung von Infektionskrankheiten konnten mit Bakterien erstaunliche Erfolge erzielt werden. Trotzdem wird/ist dieser Begriff mit ... Krankheit ... verbunden. Dabei wird vergessen, dass Bakterien auch nützlich sein können und dass sie von Biologen als ... Studienobjekte verwendet werden. Bakterien müssen exakt untersucht werden, bevor sie sinnvoll genutzt oder bekämpft werden können. Zu diesem Zweck werden sie in Reinkulturen gezüchtet. Hierfür sind von Biologen ... Methoden entwickelt worden: Die Nährböden müssen ... verschieden zusammengesetzt werden/sein, ebenso muss die ... Zuchttemperatur beachtet werden. Wenn Bakterien ... bekämpft werden sollen, können die Lebensmittel mit ... eingemacht, getrocknet oder eingefroren werden. Soll Milch pasteurisiert werden, darf sie nur auf ... erhitzt werden. Bakterien ... können bekämpft werden, indem sie sterilisiert werden. Dabei muss das, was sterilisiert werden soll, etwa ... Minuten lang Wasserdampf ... ausgesetzt werden. Zur Desinfektion ... werden Chemikalien ... verwendet. Luft kann mit Hilfe von UV-Strahlen teilentkeimt werden.

Übung 22: Unter Jugendlichen gibt es immer mehr Raucher. Deshalb soll der Kampf gegen das Rauchen bereits in der Schule aufgenommen werden. Die Schüler sollen … zur Auseinandersetzung mit dem Rauchen gezwungen werden. Bisher wurde der Erfolg … bezweifelt. Inzwischen ist aber bewiesen worden, dass mit einer Anti-Raucher-Kampagne … Erfolge erzielt werden können. 50 Jugendliche … wurden nach ihren Rauchgewohnheiten gefragt. Dann wurde ihnen eine … Gesamtinformation angeboten. Sie wurden über eine gesunde Ernährungsweise … aufgeklärt. Dabei wurde der Zusammenhang zwischen … besonders herausgestellt. Es sollte allerdings keine „Angstmache" betrieben werden. So etwa wurden keine Bilder von … gezeigt. 27 Monate später wurden die Schüler wieder befragt. Wo die Anti-Raucher-Kampagne durchgeführt worden war, wurden 50 Prozent weniger Raucher registriert. (…) Übrigens wurden unter Hauptschülern … mehr Zigarettenraucher ausgemacht als unter Gymnasiasten. (…) Diese Tatsache soll bei der Vorbereitung weiterer Anti-Raucher-Kampagnen berücksichtigt werden.

Übung 23: Altes Glas … soll von den Bürgern in Altglascontainer geworfen werden. (…) Altglas wird gesammelt, weil es aufgearbeitet und als Rohstoff wieder verwendet werden kann. Aus … Altglas kann … Neuglas gewonnen werden. Dazu muss das Altglas eingeschmolzen werden. Weil das Ausgangsmaterial rein sein muss, dürfen Plastik, Keramik … nicht in Altglascontainer geworfen werden. Flaschenverschlüsse … sollten … entfernt werden. (…) Das Glas braucht auch nicht gespült zu werden. Von den Bürgern soll nicht zu viel verlangt werden, sonst … Und gerade das soll ja erreicht werden. … Per Hand werden von Mitarbeitern die größten Fremdkörper … heraussortiert; die alten Gefäße werden von Maschinen zerkleinert; alle Eisenteile werden von einem Magnetabscheider abgesondert; nichtmagnetische Metalle werden fotomechanisch entfernt; alle leichten Stoffe … werden abgesaugt. Die Scherben werden nicht gewaschen, das wäre … Ganz zum Schluss wird das … Rohmaterial in einen … Ofen gegeben, in dem es bei 1500 Grad eingeschmolzen wird. Dann wird die … Masse in Formen gegossen. So werden … neue Flaschen gewonnen. Wichtig ist, dass verschiedenfarbiges Glas getrennt eingeschmolzen wird. Denn die Farbe wird durch … erzielt. Grün wird durch … gewonnen, für die Gewinnung der Farbe Braun müssen … eingesetzt werden. Wenn beim Recycling die … Gläser gemischt werden, entsteht eine … Farbe, die von niemandem gekauft wird. Deswegen wird Glas nach Farben getrennt gesammelt.

§ 5

Übung 1: Die Vorteile von Radioweckern sind unbestreitbar. 2. Der Preis ... ist akzeptabel. 3. Die Helligkeit ... ist verstellbar. 4. Die Lautstärke ... ist regelbar. 5. Der Weckton ... ist unüberhörbar. 6. Die Batterien sind auswechselbar. 7. Die meisten R. sind ... programmierbar. 8. Radiowecker sind ... reparierbar, was ...

Übung 2: 1. Die Probleme ... sind unübersehbar. 2. Viele Abfallprodukte sind nicht wiederverwertbar. 3. Bei anderen ist die Wiederverwertung unbezahlbar. 4. Das bedeutet, dass das Anwachsen ... unvermeidbar ist. 5. Was das Recycling betrifft, sind viele Versprechungen ... nicht einlösbar. 6. Ein Abbau ist ... erreichbar. 7. Eine solche Einsparung ist ... realisierbar. 8. Aber manches Verpackungsmaterial, das nicht recycelbar ist, ist auch nicht durch anderes ersetzbar.

Übung 3: 1. Der verfallene ... Turm kann restauriert werden. 2. Die ... Bauzeit kann nicht mehr genau bestimmt werden. 3. Ein Teil ... kann allerdings nicht mehr verwendet werden. 4. Die hohen Kosten ... können gerade noch vertreten werden. 5. Wegen der hohen Baukosten kann auf Eintrittsgelder ... nicht verzichtet werden. 6. Die Wendeltreppe kann ... begangen werden. 7. Die Aussichtsplattform kann ... erreicht werden. 8. Das Herumklettern ... kann allerdings nicht verantwortet werden. 9. Die Freude ... kann nicht beschrieben werden. 10. Der Turm kann ... nicht verwechselt werden.

Übung 4: 1. Sie lässt sich nicht mehr reparieren. 2. Es lässt sich originalgetreu nicht wieder aufbauen. 3. Er lässt sich nicht verlängern. 4. Es ließ sich nicht vorhersehen. 5. Es lässt sich nur schwer beschreiben. 6. Das lässt sich nicht leugnen. 7. Sie lässt sich nicht beeinflussen. 8. Sie lassen sich nicht verhindern.

Übung 5: 1. Der Mordfall ließ sich erst nach Monaten aufklären. 2. Aber die Tatumstände ließen sich ... rekonstruieren. 3. Für die Schuld ... ließen sich genügend Beweise finden. 4. Aufgrund der Zeugenaussagen ließen sich viele Details klären. 5. Die Zeugenaussagen ließen sich ... überprüfen. 6. Das harte Urteil lässt sich ... nicht aufrechterhalten. 7. Gegen die Beweisführung lässt sich nichts einwenden. 8. Eine Vorverurteilung ... ließ sich nicht verhindern.

Übung 6: 1. Nicht alle Produkte vermarkten sich problemlos. 2. Nicht jeder Verdacht bestätigt sich ... 3. Nicht jeder Kriminalroman verkauft sich gut. 4. Nicht alle Wohnungen vermieten sich schnell. 5. Nicht jeder Teppich pflegt sich leicht. 6. Nicht jedes Haar frisiert sich gut. 7. Nicht jeder ... Gegenstand findet sich wieder. 8. Nicht jedes Auto fährt sich so gut ...

Übung 7: 1. Viele Probleme klären sich mit der Zeit. 2. Nicht alle Probleme lösen sich von selbst. 3. Auf Anhieb fand sich ein Ausweg. 4. Dieser Roman liest sich ... flüssig. 5. Manche Silben sprechen sich schlecht aus. 6. Viele ... Gegenstände finden sich ... wieder. 7. Im Stehen isst es sich nur schlecht.

Übung 8: 1. Es hieß die Probleme energisch anzugehen. 2. Es galt die Infrastruktur zu verbessern. 3. Es stand zu befürchten, dass hohe Investitionen ... 4. Es galt Häuser instand zu setzen. 5. Die Eigentumsverhältnisse galt es zu klären. 6. Das Verkehrsnetz galt es auszubauen. 7. Es galt Umweltprobleme in Angriff zu nehmen. 8. Die Verwaltung galt es aufzubauen. 9. Es galt die Arbeitslosigkeit zu bekämpfen. 10. Es hieß tüchtig zu sparen.

Übung 9: 1. Manche Sicherheitsvorschriften sind nicht ... einzuhalten. 2. Sie sind aber ... ernst zu nehmen. 3. Absolute Sicherheit ist ... nicht zu garantieren. 4. Fluchtwege sind zu kennzeichnen. 5. Sie sind von Schränken ... freizuhalten. 6. Brennbare Gase sind in ... zu lagern. 7. Kühlschränke ... sind vor ... zu schützen. 8. Giftige Chemikalien sind mit ... zu behandeln. 9. Sie sind in ... aufzubewahren. 10. Alle Sicherheitsvorrichtungen sind ... zu überprüfen.

Übung 10: 1. Im Bausektor können viele „Krankmacher" leider nur schwer ersetzt werden. 2. Beim Einkauf ... muss/sollte deshalb Verschiedenes beachtet werden. 3. Beim Gebrauch ... können Gefahren ... nicht ausgeschlossen werden. 4. Deshalb muss auf schadstoffarme Produkte zurückgegriffen werden. 5. Sie können an ... Aufschriften ... erkannt werden. 6. Holzschutzmittel müssen mit ... Vorsicht behandelt werden. 7. Aber manchmal kann die Verwendung ... nicht vermieden werden. 8. Von der Verwendung ... muss dringend abgeraten werden. 9. Seine ... Wirkung darf auf keinen Fall verharmlost werden. 10. Holz kann auch mit ... geschützt werden. 11. Genaueres ... kann / muss der ... Fachliteratur entnommen werden.

Übung 11: Der Richter 1. lässt einen Pflichtverteidiger bestellen. 2. lässt sich mit dem Dienstwagen abholen. 3. lässt den Zeugen rechtzeitig zur Gerichtsverhandlung laden. 4. lässt den Angeklagten in den Gerichtssaal führen. 5. lässt dem Angeklagten die Handschellen abnehmen. 6. lässt sich alle Beweisstücke vorlegen. 7. lässt den Angeklagten auf Zurechnungsfähigkeit untersuchen 8. lässt die Zeugenaussagen protokollieren. 9. lässt die Öffentlichkeit von ... ausschließen 10. lässt sich von ... Unterlagen bringen.

Übung 12: Aschenputtel ließ sich 1. wie eine Küchenmagd behandeln. 2. alle schweren Arbeiten aufbürden. 3. ihre schönen Kleider wegnehmen. 4. einen grauen alten Kittel anziehen. 5. von den Stiefschwestern kränken und verspotten. 6. von den Stiefschwestern herumkommandieren. 7. von den Stiefschwestern ausnutzen. 8. von einem Königssohn auf sein Schloss entführen. 9. bei ihrer Hochzeit von den Stiefschwestern ... begleiten. 10. Die Stiefschwestern mussten sich die Augen ... auspicken lassen.

Übung 13: 1. Der Richter lässt nicht zu, dass er mitten im Satz unterbrochen wird. 2. Er veranlasst, dass der Zeuge vereidigt wird. 3. Er veranlasst, dass Ruhestörer aus dem Raum gewiesen werden. 4. Er lässt nicht zu, dass er in lange Diskussionen verwickelt wird. 5. Er veranlasst, dass der Gerichtssaal geräumt wird. 6. Er lässt nicht zu, dass er ungerechtfertigt beschuldigt wird. 7. Er veranlasst, dass ihm immer die Protokolle ... vorgelegt werden. 8. Er veranlasst, dass er an den Tatort gefahren wird.

Übung 14: 1. Die Schulabgänger erhalten / bekommen / kriegen (vom Rektor) die Abschlusszeugnisse ausgehändigt. 2. Der Jahresbeste bekommt (von ihm) den Schulorden verliehen. 3. Jeder Schulabgänger bekommt (von ihm) ein Buch ... überreicht. 4. Das Lehrerkollegium bekommt (von den Schülern) ein ... Programm geboten. 5. Die Lehrer bekommen (von ihnen) den Schulalltag ... vor Augen geführt. 6. Die Lehrer kriegen (von ihnen) auf witzige Art die Leviten gelesen. 7. Nicht alle Lehrer bekommen (von ihnen) pädagogische Fähigkeiten bescheinigt. 8. Der ... Vertrauenslehrer bekommt (von zwei Schülern) einen Blumenstrauß in die Hand gedrückt.

Übung 15: 1. Der Patient bekommt / erhält / kriegt Röntgenbilder vorgelegt. 2. Er erhält strenge Bettruhe verordnet. 3. Er bekommt täglich eine Spritze verabreicht. 4. Eine Patientin bekommt die Theorie erklärt. 5. Sie bekommt Medikamente verschrieben. 6. Sie kriegt ein Attest ausgestellt. 7. Sie bekommt eine Überweisung an den Hausarzt ausgehändigt. 8. Die meisten Patienten erhalten die Krankenhauskosten erstattet.

Übung 17: 1. Einzelne Paragraphen ... stehen zur Änderung an. 2. Der Finanzausschuss hat den Auftrag erhalten, ... 3. Die Arbeit des Finanzausschusses hat ... die Billigung des Finanzministers gefunden. 4. Bei der Überarbeitung ... muss die veränderte Wirtschaftslage Berücksichtigung finden. 5. Im übrigen soll das Steuerrecht eine Vereinfachung erfahren. 6. Ab wann es zur Anwendung kommt, ist unbestimmt. 7. Die Beratungen ... kommen demnächst zum Abschluss. 8. Nach der Verabschiedung ... geht das Gesetz in Druck. 9. Die Änderungsvorschläge sind in der Öffentlichkeit auf heftige Kritik gestoßen. 10. Sie stoßen meist auf Ablehnung und erfahren von kaum jemandem Unterstützung.

Übung 18: 1. Zur Zeit wird das Altersheim umgebaut. 2. Seit Monaten werden / sind Baumaschinen eingesetzt. 3. Einige ... Mängel sind schon korrigiert. 4. Die Baumaßnahmen werden ständig kontrolliert. 5. In einem Monat ist die ... Bausaison beendet. 6. Die Baumaßnahmen sollen … abgeschlossen werden / sein 7. Danach soll das umgebaute Altersheim gleich den Bewohnern übergeben werden. 8. Nach dem Umbau können … mehr alte Menschen aufgenommen werden … 9. Vor einigen Jahren sollte das Altersheim schon verkauft werden. 10. Auch wurde über den Abriss des Gebäudes debattiert. 11. Dann wurde ein einheimischer Architekt beauftragt … 12. Dieser Architekt ist sehr angesehen. 13. Seine Arbeiten sind … auch im Ausland beachtet worden. 14. Mit dem Umbau werden viele Wünsche … erfüllt.

Übung 19: Psychologen haben herausgefunden, dass sich zwischen Vätern und Kindern intensive Beziehungen aufbauen lassen. Eine enge Vater-Kind-Beziehung ist deshalb erstrebenswert, weil spätere Problemsituationen dann eher zu bewältigen sind. Wenn Kinder von ihren Vätern genügend Aufmerksamkeit geschenkt bekommen, lassen sie sich von Vätern ebenso beruhigen und trösten wie von Müttern. In den Untersuchungen waren keine typisch männlichen und weiblichen Verhaltensmuster festzustellen. Ein nur bei Müttern angeborenes Pflegeverhalten war nicht feststellbar. Mit diesem Experiment haben die Vermutungen der Psychologen eine Bestätigung erfahren.

Übung 20: (…) Diese Veranstaltung hat in der Öffentlichkeit große Beachtung gefunden. Sie lässt sich durchaus als Erfolg bezeichnen. Das zuständige Ministerium bekam das vom Gesundheitsamt mitgeteilt. Erfreulicherweise ließen sich auch neue ehrenamtliche Mitarbeiter gewinnen. (…) Dieses starke Interesse war besonders an der regen Teilnahme an … Gesprächskreisen zu erkennen. Dort ließen sich die Teilnehmer … intensiv beraten. Es standen auch ganz persönliche Dinge zur Diskussion. Gemeinsam wurde überlegt, wie sich das theoretische Wissen … in die Praxis umsetzen lässt. Wissenslücken … ließen sich bei Schülerinnen und Schülern… feststellen, wenn Lehrer das Thema … nicht behandelt hatten. Nach dem Lehrplan … muss das Thema schon in der 8. Klasse zur Sprache kommen. Es gilt heutzutage, Jugendliche schon früh über Aids aufzuklären, weil zu berücksichtigen ist, dass … Es lässt sich nämlich eine Zunahme der Schwan-

gerschaften … beobachten. Trotz des Erfolgs der Veranstaltung sind noch einige Korrekturen denkbar. Deshalb gilt es, möglichst rasch ein … Programm zu entwickeln.

§ 6

Übung 1: 1. würden es sehen 2. er hätte gefragt werden wollen 3. sie riefe / würde rufen 4. sie müsste arbeiten 5. es wäre gewaschen worden 6. er wäre glücklich 7. sie hätte ihn gefragt 8. er würde helfen 9. sie würde kommen 10. es wäre schade 11. sie hätte arbeiten müssen 12. er stürbe / würde sterben 13. ihm würde geholfen 14. es dürfte geraucht werden 15. er ließe das Rauchen / würde das Rauchen lassen 16. wir hätten es gewollt 17. es wäre gearbeitet worden 18. er würde frieren 19. wir wären betroffen gewesen 20. es hätte getan werden müssen 21. ich wäre beeindruckt gewesen 22. Würdest du mich mitnehmen? 23. sie würden rennen 24. es könnte verkauft werden 25. sie hätten sich entscheiden sollen 26. er hätte Angst gehabt 27. wir wüssten es / würden es wissen 28. sie wären gefahren 29. du wolltest ihnen helfen 30. wir bekämen Besuch / würden Besuch bekommen 31. sie sollte sich entscheiden 32. es würde brennen 33. sie hätten ihr geholfen 34. es wäre besprochen worden 35. sie hätten dabei helfen können 36. es würde beginnen 37. es wäre erledigt 38. er würde schießen 39. wir würden uns fragen / fragten uns 40. sie wären aufgestanden

Übung 2: Fast / Beinahe 1. hätte Herr Reisemann am Abreisetag verschlafen. 2. hätte er Geld und Ausweis zu Hause vergessen. 3. wäre ihm der Bus vor der Nase weggefahren. 4. wäre er von einem Auto angefahren worden. 5. hätte er sein Flugzeug verpasst. 6. hätte er keinen Fensterplatz mehr bekommen. 7. wäre kein Hotelzimmer mehr zu bekommen gewesen. 8. wäre das Hotel seiner Wahl schon ausgebucht gewesen. 9. hätte die angekündigte Segelregatta abgesagt werden müssen. 10. wäre er in Seenot geraten. 11. hätte er … von der Rettungswacht an Land geholt werden müssen. 12. hätte er bei der zweiten Regatta das Schlusslicht gemacht. 13. hätte ihm das den ganzen Urlaub verdorben. 14. wäre er vor Wut nach Hause gefahren. 15. hätte er es bereut, dass er diese Urlaubsidee gehabt hat. 16. hätte er die Schönheit der Landschaft nicht wahrgenommen. 17. hätte er den angenehmen Ort … nicht ausreichend genossen. 18. hätte er die vielen netten Leute übersehen. 19. Aber dann hat er einfach abgeschaltet und hätte seinen Urlaub beinahe noch verlängert.

Übung 3: An seiner Stelle 1. hätte ich mich an die Geschwindigkeitsbegrenzung gehalten. 2. hätte ich vor der Autofahrt keinen Alkohol getrunken. 3. wäre ich in der Kurve nicht so weit links / weiter rechts gefahren. 4. hätte ich nicht so spät / früher gebremst. 5. würde ich langsam / nicht so schnell / langsamer fahren. 6. würde ich weniger / nicht so oft überholen. 7. würde ich weniger / nicht so viel Geld für Autos ausgeben. 8. würde ich nicht so teure und schnelle / keine so teuren und schnellen Wagen fahren. 9. würde ich mir nicht mehr den Luxus eines Zweitwagens leisten. 10. würde ich an die Folgen für die Umwelt denken. 11. würde ich mich immer anschnallen. 12. würde ich mich nicht immer gleich aufregen. 13. hätte ich gleich mit dem Unfallgegner gesprochen. 14. würde ich nicht immer gleich auf mein Recht pochen. 15. wäre ich auch zu den anderen Betroffenen freundlicher / nicht so unfreundlich gewesen. 16. hätte ich mich nicht nur für den Schaden an meinem Auto interessiert / auch für den Schaden an dem anderen Auto interessiert. 17. würde ich den Unfallwagen nicht gleich verkaufen. 18. wäre ich höflicher / nicht so unhöflich gegenüber den Polizisten. 19. würde ich mich nicht zu rechtfertigen versuchen. 20. würde ich nicht damit prahlen, …

Übung 4: 1. Hätten Sie Zeit für mich? 2. Könnten / Würden Sie mir diesen Mantel umtauschen? 3. Ich hätte gern einen wärmeren Mantel. 4. Wären Sie so freundlich mir noch weitere Modelle zu bringen? 5. Könnten / Würden Sie mir schwarze Hosen … zeigen? 6. Ich hätte auch gern Blusen zum Anprobieren. 7. Wären Sie so freundlich mich zu beraten? / Könnten Sie mich beraten? 8. Würden Sie alles einpacken und zu mir nach Hause bringen lassen? / Dürfte ich Sie bitten alles einzupacken und …? / Wären Sie so freundlich alles einzupacken und …?

Übung 5: 1. Hätte ich im vergangenen Jahr bloß nicht so viele / weniger Probleme gehabt! 2. Wenn ich es nur geschafft hätte, vieles leichter zu nehmen! 3. Wäre ich doch nicht so / weniger passiv! 4. Wenn ich im vergangenen Jahr doch produktiver gewesen wäre! 5. Hätte ich doch bloß mehr neue Kontakte geknüpft! 6. Wenn ich mich doch nur nicht so oft aufgeregt hätte! 7. Hätte ich doch bloß mehr Distanz zu meinen Problemen gehabt! 8. Wäre ich doch nur nicht so pessimistisch gewesen!

Übung 7: 1. Würde die Zeit doch stillstehen! / Wenn doch nur die Zeit stillstehen würde! 2. Wenn ich nur Klavier spielen könnte! / Könnte ich nur Klavier spielen! 3. Wenn ich doch bloß hätte studieren können! / Hätte ich doch bloß studieren können! 4. Wenn ich doch bald dem Mann meines Lebens begegnen würde! 5. Wenn ich nur bald von meinen Eltern unabhängig wäre! 6. Wäre doch mein Wunsch, einen … Job zu finden, in Erfüllung gegangen!

Übung 8: 2. Wenn ich doch / nur nicht so frieren würde! 3. Könnte ich doch bloß ein Feuer anmachen und mich wärmen! 4. Fände ich doch etwas Holz zum Feueranmachen! 5. Könnte ich doch zu dem goldenen Schlüssel auch das Schloss finden! 6. Wenn der Schlüssel doch nur passte / passen würde! 7. Wären doch kostbare Sachen in dem Kästchen! / Wenn doch kostbare Sachen in … wären! 8. Könnte ich doch das Schlüsselloch finden! 9. Könnte ich das Kästchen doch aufschließen und den Deckel aufmachen! / Wenn ich doch … könnte!

Übung 9: 1. Wir sind noch nicht mit der Arbeit fertig. 2. Wir haben zu spät mit dem Packen begonnen. 3. Alles muss einzeln verpackt werden. 4. Wir haben uns zu wenig / nicht genug Kisten … besorgt. 5. Unsere Helfer sind zu spät / nicht früh genug gekommen. 6. Sie trinken viel / zu viel Bier. 7. Ich habe die Bücherkiste sehr / zu voll gepackt. 8. Wir haben den Umzug nicht gut vorbereitet.

Übung 10: 1. Dann würde ich versuchen Kontakt aufzunehmen. 2. Dann würde ich mich sehr wundern. 3. Dann würde ich in meinem Ausweis nachsehen. 4. Dann würde ich nach dem Verwendungszweck fragen. 5. Dann würde / müsste ich mich nach einer neuen Arbeitsstelle umsehen. 6. …

Übung 11: 1. Gäbe es keine Regierungen, so könnten sie nicht gestürzt werden; könnten sie nicht gestürzt werden, fänden keine Wahlen statt; fänden keine Wahlen statt, gäbe es auch keine Demokratie; gäbe es keine Demokratie, herrschten Willkür und Ungerechtigkeit; herrschten Willkür und Ungerechtigkeit, wären alle unzufrieden: Also brauchen wir Regierungen.
2. Gäbe es keine Raumfahrt, wären die Menschen nicht gezwungen, neue Materialien zu entwickeln; wären die Menschen nicht gezwungen, neue Materialien zu entwickeln, würden sie keine Erfindungen machen; würden keine Erfindungen gemacht, wäre Teflon nicht erfunden worden; wäre Teflon nicht erfunden worden, gäbe es keine Teflonpfannen; gäbe es keine Teflonpfannen, machte das Kochen weniger Spaß: Also muss es die Raumfahrt geben. 3. …

Übung 12: 1. Wenn kein Land Kriege führen wollte, brauchte nicht aufgerüstet zu werden. 2. Wenn kein einziger Soldat bereit wäre zu kämpfen, könnten keine Kriege ausgetragen werden. 3. Wenn der Waffenhandel generell verboten wäre, könnten Waffen nicht so leicht verkauft werden. 4. Wenn die Nationen nicht so reichlich mit Waffen ausgestattet wären, würden sie vielleicht eher verhandeln. 5. Wenn die Menschen vernünftiger wären, könnten Konflikte friedlich geregelt werden. 6. Wenn es keine allgemeine Wehrpflicht gäbe, könnte niemand zum Militärdienst gezwungen werden. 7. Wenn nicht ständig aufgerüstet würde, stünde mehr Geld für sinnvollere Projekte zur Verfügung. 8. Wenn die internationalen Abkommen über bewaffnete Konflikte eingehalten würden, verliefen Kriege vielleicht weniger grausam.

Übung 13: Wenn jeder nach seiner Leistung beurteilt würde, 1. herrschten vollkommne Gerechtigkeit und Objektivität. 2. entfielen subjektive (Fehl-)Urteile. 3. bestünde absolute Chancengleichheit für alle. 4. würde niemand mehr wegen seines Geschlechts … benachteiligt oder bevorzugt. 5. entschieden … über Stellenbesetzung … allein Eignung und Leistung. 6. fände eine perfekte … Leistungsauslese statt. 7. würde das Leben … zum Sport. 8. gäbe es ein

Wettrennen aller gegen alle. 9. entstünde dadurch eine unerhörte Dynamik. 10. würde … die Wechselwirkung von … ein unerbittliches „Vorwärts" erzwingen. 11. würde der objektiv … Beste gewinnen. 12. würden die Schwachen zum Versorgungsfall und müssten von … unterhalten werden. 13. würde dies die Behinderten … am meisten treffen. 14. würden sie als Belastung empfunden. –
Würde die Leistungsgesellschaft immer perfekter, 15. würde unsere schöne … Welt perfekt unmenschlich. 16. hätten wir eher die Hölle als das Paradies. 17. würden menschliche Werte nicht mehr zählen. 18. wäre als Gegenpol … eine Gegenelite erforderlich, die dem Leistungsprinzip widersprechen würde 19. müsste diese Gegenelite den … Menschen bestimmte Werte aufzeigen, die für die ganze Gesellschaft verbindlich wären. 20. brauchten wir als Gegenwerte noch mehr Solidarität … 21. würden die sich an diesen Werten orientierenden Menschen noch weltfremder wirken. 22. wären wir noch stärker auf solche Menschen angewiesen.

Übung 14: 1. Hätte er als Kind nicht so viele traumatische Erfahrungen gemacht (Wenn er nicht … gemacht hätte), wäre er jetzt nicht so ängstlich. 2. Wäre er als Kind nicht im Aufzug stecken geblieben, hätte er keine / nicht so große Angst vor Fahrstühlen. 3. Wäre dies nicht der Fall, ginge er die zehn Stockwerke … nicht zu Fuß. 4. Hätte ihn als Kind jemand bei Gewittern beruhigt, geriete er heute … nicht in Panik. 5. Wenn die Eltern in seiner Kindheit sein Selbstwertgefühl gestärkt hätten (Hätten die Eltern … gestärkt), hätte er Vertrauen in seine Fähigkeiten entwickeln können. 6. Wenn seine Eltern nicht beide den ganzen Tag … gearbeitet hätten, wäre er als Junge nicht so viel allein gewesen. 7. Hätte er unter dem Alleinsein nicht so gelitten, würde er als Erwachsener das Alleinsein besser ertragen. 8. Wäre er in der Schule nicht so oft überfordert gewesen, hätte ihm das Lernen mehr Spaß gemacht. 9. Wenn seine Eltern ihn nicht so häufig … mit neuen Situationen konfrontiert hätten, wäre er heute gegenüber allem Neuen nicht so / weniger misstrauisch. 10. Wäre er als Kind nicht im Auto verunglückt, hätte er jetzt keine / nicht so große Angst vor Autos. 11. Wenn er nicht so ängstlich wäre, ginge er nicht so selten / öfter

aus und hätte mehr Kontakt zu anderen Menschen.

Übung 15: 1. Die Lebensbedingungen im Mittelalter waren schlecht, deshalb hatten die Menschen eine geringere Lebenserwartung. 2. Die Herrscher dachten zu wenig an das Wohl ihrer Untertanen, weil es ihnen um die Ausdehnung ihrer Macht ging. 3. Das Volk hatte keine politische Vertretung, so konnte es die Machtverhältnisse nicht durchschauen. 4. Weil das Volk sehr ungebildet war, konnte es seine Interessen nicht wahrnehmen. 5. Epidemien konnten sich leicht ausbreiten, weil die hygienischen Verhältnisse mangelhaft waren. 6. Die Kirche war sehr mächtig, deshalb konnte sich das Volk ihrem Einfluss nicht entziehen. 7. Weil im Vordergrund der Gedanke an den Tod stand, wurde wenig Energie auf die Bewältigung der Alltagsprobleme verwendet.

Übung 16: 1. Die Alpen sind landschaftlich sehr reizvoll, deshalb ziehen sie viele Besucher an. 2. Da viele Menschen Spaß am Skifahren haben, werden die Alpenländer … von Touristenmassen überflutet. 3. Das Reisen konnte zur Volksbewegung werden, weil mit der Erfindung von Eisenbahn … die Voraussetzungen dafür geschaffen worden waren. 4. Die Urlauber können bequem anreisen, weil die Alpenländer verkehrsgerechte Straßen gebaut haben. 5. Die Alpenländer haben viel Geld … investiert, deshalb sind sie auf die Einnahmen aus dem Tourismus angewiesen. 6. Weil der Wintersport Mode wurde / geworden ist, haben sich viele Alpenländer zu Wintersportorten entwickelt. 7. Seit Jahren wird auf die Gefahren des Massentourismus hingewiesen, weil die Folgen der Umweltzerstörung überall sichtbar sind. 8. Die Lawinengefahr und die … Überschwemmungen sind gestiegen, weil man große Waldflächen abgeholzt hat.

Übung 17: 1. Weil Münz- und Papiergeld erfunden wurden / worden sind, bezahlen wir heute nicht mehr mit Waren … 2. Die Bezahlung mit Waren hatte sich nicht bewährt, deshalb ist man … zu ungeprägtem Metallgeld übergegangen (ging man … über). 3. Man hatte in der Metallverarbeitung Fortschritte gemacht, deshalb konnte man mit der Prägung von

Münzen beginnen. 4. Bei Ausgrabungen hat man Münzen gefunden, deshalb weiß man, dass Münzen schon … 5. Im 17. Jahrhundert ist man zu Papiergeld übergegangen (ging man … über), weil sich … das Gewicht des Münzgeldes als Nachteil herausgestellt hatte. 6. Man hat die Vorteile des Papiergeldes schätzen gelernt, deshalb ist es … in alle Länder vorgedrungen. 7. Der Welthandel konnte die heutigen Ausmaße annehmen, weil sich Münz- und Papiergeld als internationale Zahlungsmittel durchgesetzt haben. 8. Papier- und Münzgeld sind keine optimalen Zahlungsmittel, deshalb erleben wir heute den Übergang zum bargeldlosen Zahlungsverkehr.

Übung 18: 1. Hätte man keinen großen Freundeskreis, wäre der Alltag nicht sehr abwechslungsreich. 2. Wenn man den Freundeskreis vernachlässigen würde, wäre man bald allein. 3. Hätte die Frau keine Kinder großgezogen, hätte sie vielleicht Karriere gemacht. 4. Hätten Ehepartner keine gemeinsamen Interessen, lebten sie sich schnell auseinander (würden sie sich … auseinanderleben). 5. Wenn Ehepartner einander keine eigenen Aktivitäten zugestehen würden, wäre das Zusammenleben unerträglich. 6. Wenn Ehepartner sich nicht aufeinander verlassen könnten, ginge die Vertrauensbasis verloren. 7. Wir bedeuten uns sehr viel, sonst würden wir nicht seit fünfzig Jahren zusammenleben. 8. Unser Familienleben war uns wichtig, andernfalls hätten wir uns beruflich sicher stärker engagiert. 9. Man muss dem Ehepartner und den Kindern gegenüber tolerant sein, sonst kommt man nicht gut miteinander aus. 10. Wir haben immer ein offenes Haus gehabt, sonst wären nicht so viele interessante Leute unter den Gästen gewesen.

Übung 19: 1. …, als ob ein Mädchen mit aufgetürmten Tellern den Flur entlang zum Speisezimmer ginge / als ginge ein Mädchen zum Speisezimmer. 2. …, als ob die Teller in ihren Armen in Gefahr wären / als wären die Teller … in Gefahr. 3. …, als ob sie das Gleichgewicht verlieren würde / als würde sie das Gleichgewicht verlieren. 4. …, als ob das Geschirr zu rutschen anfinge / als finge das Geschirr zu rutschen an. 5. …, als ob sie sich ganz sicher fühlte und kein Unglück befürchtete / als fühlte sie

sich ganz sicher und befürchtete kein Unglück. 6. …, als ob ich sie warnen müsste / als müsste ich sie warnen. 7. …, als ob das Mädchen an der Tür gestürzt wäre / als wäre das Mädchen … gestürzt. 8. …, als ob das ganze Geschirr zu Boden gefallen wäre / als wäre das ganze Geschirr … gefallen. 9. …, als ob tausend Scherben auf dem Boden klirrten / als klirrten … Scherben auf dem Boden. 10. …, als ob man sie wirklich erlebt hätte / als hätte man sie … erlebt.

Übung 21: In Geschichtsbüchern wird so getan, 1. als ob Könige die Felsbrocken herbeigeschleppt hätten / als hätten Könige die Felsbrocken herbeigeschleppt. 2. als ob das vielbesungene Byzanz nur Paläste für seine Bewohner gehabt hätte / als hätte Byzanz … gehabt. 3. als ob der junge Alexander allein Indien erobert hätte / als hätte Alexander … erobert. 4. als ob Cäsar die Gallier geschlagen hätte / als hätte Cäsar … geschlagen. 5. als ob außer Philipp von Spanien niemand geweint hätte, als seine Flotte untergegangen war / als hätte niemand … geweint … 6. als ob außer Friedrich dem Zweiten im Siebenjährigen Krieg niemand gesiegt hätte / als hätte … gesiegt.

Übung 23: 1. Die Missstände sind so offensichtlich, dass der Hausbesitzer unbedingt etwas tun müsste. 2. Das Dach ist undicht, so dass es unbedingt neu gedeckt werden müsste. 3. Die Treppen sind so steil, dass jemand stürzen könnte. 4. Das Heizsystem ist so veraltet, dass es schon vor Jahren hätte umgestellt werden sollen. 5. Nicht alle elektrischen Leitungen liegen unter Putz, so dass Unfälle passieren könnten. 6. Die Stahlträger … sind so verrostet, dass sie ersetzt werden müssten. 7. Das ganze Haus ist in einem so schlechten Zustand, dass die Miete herabgesetzt werden müsste. 8. Die Mieter haben soviel Anlass zum Klagen, dass sie die Zahlung der Miete verweigern könnten.

Übung 24: 1. In Deutschland gibt es zu viele Museen, als dass man alle besuchen könnte. 2. Deutschland hat zu wenig Bodenschätze, als dass es ohne Importe auskäme. 3. Die Deutschen produzieren zu viel Müll, als dass sie wüssten, wo sie ihn lassen sollten. 4. Die deutschen Universitäten sind zu überlaufen, als dass man sofort einen Studienplatz bekäme.

5. In Deutschland gibt es zu viele Biersorten, als dass man sie alle probieren könnte. 6. Die Deutschen lieben ihr Auto zu sehr, als dass sie darauf verzichten wollten.

Übung 26: 1. In manchen Gegenden … sind die Niederschläge zu gering, als dass Pflanzen ohne … Bewässerung hohe Erträge erbringen würden. 2. In weiten Teilen Australiens ist es zu trocken, als dass Reisfelder angelegt würden. 3. Die Fels- und Schuttwüsten … sind zu steinig, als dass Nutzpflanzen angebaut würden. 4. Die Steppen sind zu unfruchtbar, als dass intensiver Getreideanbau betrieben werden könnte. 5. Die … Sandwüsten sind zu unwegsam, als dass sie sich … durchqueren ließen. 6. In Höhen über … ist der Sauerstoffgehalt … zu niedrig, als dass Menschen dort leben könnten. 7. Manche Flüsse … sind zu reißend, als dass sie zur Schifffahrt genutzt werden könnten. 8. Das Tote Meer ist zu salzhaltig, als dass Fische darin leben könnten. 9. In der Sahara sind die Temperaturschwankungen … zu extrem, als dass der menschliche Organismus sich … darauf einstellen könnte. 10. Das Klima … ist zu heiß und feucht, als dass es Menschen … ohne weiteres vertragen würden.

Übung 27: 1. Er erwartet von anderen Hilfe, ohne dass er selbst zum Helfen bereit wäre. 2. Sie nimmt Geschenke entgegen, ohne dass sie sich dafür bedanken würde. 3. Er nimmt immer wieder Einladungen an, ohne dass er auch nur eine Gegeneinladung gegeben hätte. 4. Er leiht sich Bücher aus, ohne dass er sie zurückgeben würde. 5. Er kommt herein, ohne dass er vorher anklopfen würde. 6. Er mischt sich in Gespräche ein, ohne dass er sich vorgestellt hätte. 7. Er schwärmt von Büchern, ohne dass er sie gelesen hätte. 8. Er gibt sich als Musikexperte aus, ohne dass er viel von Musik verstünde.

Übung 28: 1. Es gibt keinen Menschen, der immer Recht hätte. 2. Ich kenne niemanden, der immer gut gelaunt wäre. 3. Es gibt keinen Menschen, der allen Situationen gewachsen wäre. 4. Ich kenne niemanden, der seine Fehler gern zugeben würde. 5. Es gibt keinen, der nicht schon mal andere Menschen enttäuscht hätte und nicht schon von anderen Menschen enttäuscht worden wäre. 6. Es gibt niemanden, der nicht schon mal Rachegefühle empfunden hätte. 7. Ich kenne niemanden, der nicht schon mal eine Notlüge gebraucht hätte. 8. Es gibt wohl keinen Menschen, dem das allzu Menschliche fremd wäre.

Übung 29: 1. Es gibt kein Land, das eine größere Fläche hätte als Kanada. 2. Es gibt keinen Fluss der Erde, der länger wäre als der Amazonas. 3. Es gibt kein Gebiet der Erde, das kälter wäre als die Antarktis. 4. Es gibt keine Gegend der Erde, die wärmer wäre als das Death Valley. 5. Es gibt keine Zone, die höhere Niederschläge hätte als der Äquator. 6. Es gibt keine Stelle in den Weltmeeren, die tiefer wäre als der Marianengraben. 7. Es gibt keine Stadt der Erde, die höher läge als La Paz. 8. Es gibt keinen Berg der Erde, der höher wäre als der Mount Everest.

Übung 30: 1. Wohngemeinschaften wären bei Jugendlichen nicht so beliebt, wenn sie nicht so viele Vorteile hätten. Es sieht so aus, als ob sie sich als neue Lebensform durchgesetzt hätten. 2. Es scheint, als fänden auch ältere Menschen an dieser Lebensform Gefallen. Manche älteren Menschen wünschen sich: Hätte es doch schon früher Wohngemeinschaften gegeben. 3. Jugendliche wachsen heute zu selbstständig auf, als dass sie sich noch von den Eltern kontrollieren ließen. Wenn sie noch zu Hause wohnen würden, wären sie nicht so frei und könnten ihr Leben nicht nach eigenen Vorstellungen gestalten. 4. Oft verlassen Jugendliche das Elternhaus zu früh, als dass die Eltern sich damit abfinden könnten. Aber die Jugendlichen haben ihre Freiheit, ohne dass sie auf den von zu Hause gewohnten Komfort verzichten müssten. 5. Manche Menschen allerdings sind zu ausgeprägte Einzelgänger, als dass sie sich in einer Wohngemeinschaft wohl fühlten / fühlen würden. 6. In Wohngemeinschaften leben oft zu unterschiedliche Menschen zusammen, als dass es langweilig werden könnte. Das Leben in Wohngemeinschaften wäre nicht so interessant und abwechslungsreich, wenn die Bewohner nicht so unterschiedliche Interessen … hätten. 7. Aber wenn die Mitglieder allzu unterschiedliche Vorstellungen vom Zusammenleben hätten, gäbe es Probleme.

8. Natürlich gibt es keine Wohngemeinschaft, in der es nicht mal zu Auseinandersetzungen käme. Die Mitglieder müssen sich an die gemeinsamen Absprachen halten, sonst gäbe es Streit. 9. Es gibt keinen Mitbewohner, der nicht/keine Kompromisse eingehen müsste. 10. Wenn in einer Wohngemeinschaft nur Egoisten zusammenlebten, wären ständige Konflikte nicht zu vermeiden. (...) Wenn keiner die ihm übertragenen Aufgaben übernehmen würde, entstünde (würde ... entstehen) unweigerlich ein Chaos. 11. Wenn das Zusammenleben leichter/leicht wäre, wechselte (würde ... wechseln) die Besetzung nicht so häufig. Wenn über Probleme nicht oft und offen gesprochen würde, stauten sich Spannungen auf (würden sich ... aufstauen). 12. Das Zusammenleben muss harmonisch sein, sonst würden sich die Mitglieder der Gemeinschaft nicht zu Hause fühlen. Und es gibt niemanden, der das nicht wollte.

Übung 31: 1. Es gibt weltweit zu viele Straßenkinder, als dass das Thema verharmlost werden dürfte. In den Medien wird inzwischen häufiger über das Straßendasein von Kindern berichtet, so dass man nahezu niemanden trifft, der darüber nicht informiert wäre. 2. Wenn in vielen Familien nicht krasse wirtschaftliche Not, Hunger ... herrschten, müssten die Kinder nicht mitverdienen. Wenn sie nicht schon gelernt hätten allein für sich zu sorgen, verließen (würden ... verlassen) sie ihr Zuhause nicht. 3. Oft sind die gesellschaftlichen Rahmenbedingungen zu ungünstig, als dass es für die Kinder eine Alternative zum gefährlichen Leben ... gäbe. 4. Es gibt aber kein Kind, das sich nicht nach einem Zuhause sehnte. Fände doch / doch nur jedes Straßenkind irgendwann wieder ein Zuhause, in dem es sich geborgen fühlt! 5. Es scheint aber, als ob sich die Verhältnisse nicht so schnell bessern würden. Wenn die Armut und die Verelendung nicht immer noch zunehmen würden, stiege die Zahl der Straßenkinder nicht weiter. 6. Die Straßenkinder arbeiten als Autowäscher ..., sonst könnten sie nicht überleben. Sie sind noch zu jung ..., als dass sie sich dagegen wehren könnten, als billige Arbeitskräfte ausgenutzt zu werden. 7. Die Straßenkinder müssen sich durchschlagen, als ob sie Erwachsene

wären. Es gibt kein Kind, das lieber arbeiten als spielen wollte. Anstatt dass sie unbeschwert Kind sein dürften, müssen sie ... als Erwachsene leben. 8. Das Geldverdienen ... lässt ihnen zu wenig Zeit, als dass sie Gelegenheit hätten die Schule zu besuchen. Aber wenn sich „Streetworker" um die Kinder kümmern würden, hätten sie eine Chance von der Straße geholt zu werden. 9. Wenn man die Straßenkinder doch / nur / doch nur wieder in Familien integrieren könnte! Wenn sie wieder eine feste Bleibe fänden (finden würden) und die Schulbildung nachholen könnten, dann hätten sie eine echte Chance für eine neue Existenz. 10. Aber die Zahl der Straßenkinder ist zu groß, als dass dieses Problem leicht und schnell gelöst werden könnte.

§ 7

Übung 1: Sie sagt, 1. sie habe keine Zeit. 2. er wolle schon gehen. 3. sie würden abgeholt. 4. sie könne es schaffen. 5. sie werde studieren können. 6. er schlafe noch. 7. sie seien gefragt worden. 8. es habe sofort erledigt werden müssen. 9. er lese den ganzen Tag. 10. es sei erlaubt worden. 11. sie sollten nur ruhig fahren. 12. sie hätten gelacht. 13. er wisse nichts. 14. es werde gleich erledigt. 15. es sei erledigt. 16. sie gehe jetzt weg. 17. sie dürfe nicht gesehen werden. 18. sie seien bestraft worden. 19. er habe viel gearbeitet. 20. sie solle abreisen. 21. sie hätten immer spazierengehen wollen. 22. er sei verschwunden. 23. sie sei gut versichert gewesen. 24. sie hätten eine Stunde gewartet. 25. er nehme das Paket mit. 26. sie seien gestartet.

Übung 2: Der Mann denkt, was wäre, wenn der Nachbar ihm den Hammer nicht leihen wolle. Gestern schon habe er ihn nur so flüchtig gegrüßt. Vielleicht sei er in Eile gewesen. Aber vielleicht sei die Eile nur vorgeschützt gewesen, und er habe etwas gegen ihn. (…) Er habe ihm nichts angetan; der bilde sich da etwas ein. Wenn jemand von ihm ein Werkzeug borgen wollte, er würde es ihm sofort geben. (…) Wie könne man einem Mitmenschen einen so einfachen Gefallen abschlagen? Leute wie dieser Kerl vergifteten einem das Leben. Und dann bilde er sich noch ein, er sei auf ihn angewiesen. Bloß weil er einen Hammer habe. Jetzt reiche es ihm wirklich … schreit unser Mann seinen Nachbarn an, er sei ein Rüpel und solle seinen Hammer behalten.

Übung 3: Ein Fisch biss in einen Angelhaken. Die anderen Fische fragten ihn, was er so hektisch herumflattere. Der Fisch an der Angel sagte, er flattere nicht hektisch herum, er sei Kosmonaut und trainiere in der Schleuderkammer. Die anderen Fische sagten, wer's glaube, und sahen zu, wie es weitergehen sollte. (…) Die Fische sagten, er habe ihre Sphäre verlassen und sei in den Raum hinausgestoßen. Sie wollten hören, was er erzähle, wenn er zurückkomme. (…) Die Fische sagten, dass es also stimme, was die Ahnen ihnen überliefert hätten, dass es da oben schöner sei als hier unten. (…) Am

Ufer saß ein einsamer Angler … Einer der Kosmonauten sprach ihn an und fragte, was der große Fisch weine, ob er auch gedacht habe, dass es hier oben schöner sei. – Der Angler sagte, darum weine er nicht, er weine, weil er niemandem erzählen könne, was hier und heute geschehe. Achtundfünfzig Fische habe er in einer Stunde gefangen, und es gebe keinen Zeugen weit und breit.

Übung 4: (…) Die Menschen sagten immer, dass Spatzen frech und zänkisch seien, dachte Frau Lups, womit sie natürlich nur die Männchen meinten. Sie könne es von ihrem Mann eihentlich nicht finden. Ein fertiger Ehespatz sei er zwar noch nicht, aber er mache sich. Herrn Lups wurde es langweilig. Er bemerkte, dass er sich auch mal auf die Eier setzen wolle. Nein, sagte Frau Lups (…) Herr Lups sagte empört, es seien auch seine Eier. Nein, sagte Frau Lups. Herr Lups schlug erregt mit den Flügeln. Er habe das Recht, auf den Eiern zu sitzen, er sei der Vater, schrie er. Frau Lups sagte, er solle nicht so mit den Flügeln schlagen, es sei unschicklich, wenigstens hier im Nest. Außerdem mache es sie nervös. Die Männer müssten immer gleich mit den Flügeln schlagen. Er solle sich ein Beispiel an ihr nehmen. Sie sei stets ruhig. Gewiss seien es auch seine Eier. Aber es seien mehr ihre Eier als seine Eier. Das habe sie gleich gesagt. Er solle daran denken, dass er verheiratet sei. Daran denke er unaufhörlich, sagte Herr Lups. Aber sie habe es vorhin anders gesagt. Das sei unlogisch. Frau Lups sagte, er solle sie nicht mit seiner Logik stören, sie seien verheiratet und nicht logisch. (…) Ob er das etwa nicht finde, fragte Frau Lups. Herr Lups hörte auf zu klappen und sagte, sie sei seine Liebe. Frau Lups dachte, dass er sich mache. Er werde jetzt in den Klub gehen, sagte Herr Lups … Er könne sich auch mal auf die Eier setzen, sagte Frau Lups vorwurfsvoll, sie sitze schon den ganzen Vormittag darauf. Ob er glaube, dass es ein Vergnügen sei. Dabei seien es seine Eier. Herr Lups dachte, die Sonne müsse aufhören zu scheinen. (…) Ihm stehe der Schnabel still, schrie er. Eben habe er auf den Eiern sitzen wollen, da seien es ihre Eier gewesen. Jetzt wolle er in den Klub gehen, da seien es seine Eier. Wessen Eier seien es nun endlich? Er solle nicht so schreien, sagte Frau

Lups, natürlich seien es seine Eier. Sie habe es ihm doch schon vorhin gesagt. (…) Herr Lups sagte matt, dass sie sich irre. Frau Lups sagte, dass Frauen sich nie irrten. Herr Lups sagte, sie sei seine Liebe, und setzte sich auf die Eier, die nicht seine Eier und doch seine Eier waren. Männer seien so wenig rücksichtsvoll, sagte Frau Lups mit sanftem Tadel, er habe eben auch die weibliche Hand in seinem Leben zu wenig gefühlt. O doch, sagte Herr Lups und blickte auf die Krällchen seiner Gemahlin. Frau Lups horchte aufmerksam an den Eiern und sagte glücklich, dass eins sogar schon im Ei piepse. Dann werde es ein Weibchen, sagte Herr Lups. Frau Lups sah ihren Gatten scharf an und sagte, dass es gewiss ein Weibchen werde. Die Intelligenz rege sich am frühesten. Herr Lups ärgerte sich sehr … Aber das erste, das herauskomme, werde ein Männchen, sagte er patzig. Frau Lups blieb ganz ruhig. Das, was zuerst piepse, komme auch zuerst heraus, sagte sie, es werde also ein Weibchen. Im übrigen solle er sie jetzt auf die Eier lassen. Es werde kritisch. Das verstünden Frauen besser. Außerdem seien es ihre Eier. Sie sei seine Liebe, sagte Herr Lups. Nach kurzer Zeit kam das Erste aus dem Ei. Es war ein Männchen. Herr Lups … zwitscherte schadenfroh. Frau Lups sagte, ob er es sehe, sie habe es ihm gleich gesagt, es werde ein Männchen. Aber sie müssten es eben alles besser wissen. Herr Lups sperrte den Schnabel … auf … (…) Aber er kriegte keinen Ton heraus. Da klappte er den Schnabel zu. Endgültig. Jetzt sei er ganz entwickelt, es werde eine glückliche Ehe, dachte Frau Lups. … Nun müsse ihr liebes Männchen in den Klub gehen, flötete sie, er müsse sich etwas zerstreuen. Sie habe ihn schon lange darum gebeten. Auf dem Rückweg solle er Futter mitbringen. Sie sei seine Liebe, sagte Herr Lups. – Herr Lups hielt eine Rede im Klub. Sie seien Männer! Taten müssten sie sehen, Taten!, schrie er … – Frau Lups wärmte ihre Kleinen im Nest. Zärtlich piepste sie, dass alle seinen Namen tragen würden, dass alle Lups heißen würden. Denn dem Namen nach …

Übung 5: Das ZEITmagazin fragt, ob Herr Dr. Hammer sich manchmal wie Noah fühle. – Karl Hammer antwortet, das (die Genbank) sei-sei die Notaufnahme, die Arche Noah. Genau das sei sie. Ringsum schwinde die Artenvielfalt

in einem erschreckenden Maße. Es verschwinde auch die Vielfalt unterhalb der Arten. (…) Und mit ihnen gingen wichtige Qualitäten und Resistenzen verloren. Sie konservierten, sie würden aufheben. – Das ZEITmagazin fragt, ob ein Pflänzchen von jeder Art (genommen werde). – Karl Hammer erwidert, Noah habe nur zwei von einer Art genommen. Bei ihm sei nicht viel genetische Variabilität hereingekommen. Sie nähmen (würden nehmen) jeweils ein Pfund Samen … – Das ZEITmagazin stellt die Frage, woher die Samen stammten. – Karl Hammer erklärt, sie sammelten dort, wo sich ein schneller Wandel anzeige. (…) Dort verdränge neues Saatgut … das traditionelle Getreide … Sie hätten noch das letzte Einkorn finden können … – Auf die Frage, ob die Bauern mitmachten (mitmachen würden), berichtet Karl Hammer, er sei auf mehr als fünfzig Sammelreisen … gewesen. In der Regel seien die Bauern stolz und sagten, sie hätten das noch von ihren Großvätern. Das Schlimmste, was ihm passiert sei, sei in Österreich gewesen. Dort habe ein Bauer sie von den Feldern gejagt. Er habe es als Zumutung empfunden zu sagen, was er anbaue. – Das ZEITmagazin will wissen, ob in der Genbank Gatersleben die Samen dann in die Tiefkühltruhe kämen. – Karl Hammer erläutert, dass Zwiebeln und Salat zum Beispiel tiefgekühlt würden. Sie besäßen (würden … besitzen) nur eine kurze Keimfähigkeit. Getreidesamen bewahrten (würden … aufbewahren) sie bei null Grad im Kühllagerhaus auf. Aber ganz so einfach sei es nicht. In bestimmten Abständen müsse das Saatgut regeneriert werden. Auf ihren Feldern bauten sie deshalb … 100.000 Sorten an. – Das ZEITmagazin fragt, wer von der Genbank abhebe. – Karl Hammer erklärt, Forscher, Pflanzenzüchter … – sie seien völlig offen. Sie würden auch Leuten helfen, die sagten, es gebe eine Apfelsorte, die bei ihrem Großvater im Garten gewachsen sei, deren Namen sie sogar noch wüssten, und fragten, wo sie die herkriegen könnten. 15.000 Muster gäben (würden … ausgeben) sie jedes Jahr aus. Kostenlos, weil sie davon ausgingen, dass sie ein Erbe der Menschheit verwalteten. – Das ZEITmagazin stellt die Frage, ob Karl Hammer sich auch von Proben seiner besten Stücke trenne. – Er meint, dass der Direktor eines Museums sagen könnte, das sei ihr bestes Stück.

Sie könnten das nicht sagen. Der besondere Wert ihrer Sammlungen liege in ihrer Vollständigkeit. Sie hätten beispielsweise Gerstenmaterial aus Afghanistan … Insgesamt seien das mehr als 10.000 verschiedene Muster. Erst wenn die gesamte Fülle da sei, hätten sie es geschafft. – Auf die Bemerkung, dass der Laie da wohl kaum Unterschiede sehe, erläutert Karl Hammer, dass es bei der Gerste … auffällige Merkmale der Granne … gebe. Die ergäben (würden … ergeben) schon mal eine grobe Ordnung. Dann gebe es natürlich noch Feinmerkmale. – Das ZEITmagazin meint, dass sich die Vielfalt von Karl Hammers Sammlung nicht auf unseren Speisezetteln wiederfinde (wiederfinden würde). – Er sagt, dass sie 4800 verschiedene Kulturpflanzen kennen würden. Aber die Welt stütze und stürze sich nur auf sieben. Das seien Reis, Mais, … Er halte diese Einengung für sehr gefährlich. Die Welt könne sich das nicht leisten, wenn nicht noch mehr Menschen verhungern sollten. – Das ZEITmagazin fragt, ob Genbanken nicht all jenen eine Ausrede lieferten, die für das … Artensterben verantwortlich seien, getreu dem Motto: Im Kühlschrank gebe es ja noch alle. – Karl Hammer antwortet, dass der Kühlschrank ein Notbehelf sei. Auf ihren Sammelreisen gehe es daher nicht nur ums Sammeln. Sie wollten der Generosion vor Ort Einhalt gebieten und dafür sorgen, dass sich die Pflanzen in Gärten … weiterentwickeln. Sie könnten doch nicht einfach alles auf die Genbank tragen.

Übung 6: (…) Die Centrale Marketinggesellschaft der Deutschen Agrarwirtschaft teilte am Montag in Berlin mit: „Im vergangenen Jahr wurden vor allem sehr teure oder ganz billige Nahrungsmittel gekauft. Der Handel erwartet ein hartes Jahr. Zudem essen die Bundesbürger bewusster. Der Kalorienverbrauch pro Kopf ist in den letzten Jahren von rund 3000 auf etwa 2500 zurückgegangen." CMA-Geschäftsführer A.N. sagte: „Sogenannte Discountlebensmittel aus Billigsupermärkten haben mittlerweile einen Marktanteil von 40 Prozent. Dagegen ist der Anteil mittelteurer Ware 1993 von 40 auf unter 30 Prozent gesunken und wird wahrscheinlich weiter zurückgehen. Grund dafür sind die wachsende Arbeitslosigkeit und die Einwanderung von Flüchtlingen aus Osteuropa. Dies sind auch die Ursachen für den gesunkenen Gesamtverbrauch. Überraschenderweise ist der Export von Agrarprodukten nach Osteuropa 1993 von vier auf sechs Milliarden Mark gestiegen", sagte N. „Vor allem hochwertige Nahrungsmittel sind in den Ländern des früheren Ostblocks gefragt. Offensichtlich ist durch die Einführung der Marktwirtschaft eine reiche Oberschicht entstanden." Die CMA teilte mit: „Der Gesamtexport blieb mit 33 Milliarden Mark konstant."
Weiter sagte N.: „Die Nachfrage nach Spezialitäten aus Ostdeutschland ist vor allem in den neuen Ländern stark gestiegen. 1990 haben nur 22 Prozent der Ostdeutschen Nahrungsmittel aus der eigenen Produktion bevorzugt, mittlerweile sind es 70 Prozent. Der tatsächliche Anteil von Lebenmitteln aus Ostdeutschland liegt aber nur bei 40 Prozent. Hier ist ein erhebliches Potential vorhanden."

Übung 7: (…) „Bei der … Zusammensetzung des Europarates ist eine neue Situation entstanden. Deutsch ist … die … Sprache, … als erste Fremdsprache", sagte Frau Lalumière … in Madrid. „Deshalb muss der Antrag, Deutsch zur Amtssprache zu machen, abermals beraten und abgestimmt werden, nachdem er einige Male abgelehnt worden ist. … Die Lage hat sich zugunsten des Deutschen gewandelt und das früher gebrauchte Argument, zwei Sprachen reichten aus und seien auch billiger, gilt nicht mehr. Der Europarat hat am schnellsten von allen internationalen Organisationen und schneller als die meisten europäischen Staaten auf die Veränderungen in Mittel- und Osteuropa reagiert. Ohne die rasche Kontaktaufnahme mit dem Europarat wäre vielen Staaten … die Neuorientierung schwerer gefallen. Die guten … Beziehungen zu den Politikern der ost- und zentraleuropäischen Staaten und die während meiner Tätigkeit erworbene Kenntnis dieser Länder sind auch der wichtigste Grund meiner Bereitschaft, für eine zweite Amtsperiode zu kandidieren. Das Vertrauen der sich im Umbruch befindenden Staaten zum Europarat ist eine zarte Pflanze, die mit Takt und guten Kenntnissen gepflegt werden muss. Außerdem muss der Europarat reformiert werden; das geht besser mit Personen, welche diese Strukturen kennen. Auch deshalb kandidiere ich zum zweiten Mal. Ein wichtiges Anliegen des Europarates in den vergangenen Jahren war der Schutz der Minderheiten. Man muss sich nicht nur um die juristischen Rechte kümmern, sondern auch um die kulturellen, selbst wenn das oft nur kleine Volksgruppen betrifft. Aber auch diese haben ein Recht auf Schulen, auf Radios und Zeitungen in ihrer Sprache. Das gehört zu den vertrauensbildenden Maßnahmen. Der Europarat unterstützt bilaterale Abkommen zwischen Ländern, welche die Rechte der jeweiligen Minderheit garantieren. Ein solches Abkommen ist zwischen Ungarn und Rumänien notwendig, so wie Polen es schon mit seinen Nachbarstaaten abgeschlossen hat."

Übung 8: „In früheren Jahren ist der Konjunktiv vom Aussterben bedroht gewesen", erzählte mir kürzlich ein Sprachkritiker, „heute jedoch kann man geradezu von einem Grassieren des Konjunktivs sprechen, obgleich er oft falsch gebraucht wird. Er grassiert, weil ohne diese Möglichkeitsform vieles nicht möglich wäre." (…) „Heute herrscht der sauerstoffarme, neblige Konjunktiv, der um so nebliger ist, als seine Benutzer dessen Möglichkeiten in der Regel nicht gewachsen sind. Ich muss, um das zu erklären, ein paar anfängerhafte Bemerkungen machen", sagte der Sprachkritiker. „Im Deutschen gibt es nämlich, was den meisten nicht klar ist, zwei Konjunktive. Der Konjunktiv I, wie die Grammatik ihn kurz nennt, wird vom Präsens abgeleitet und dient hauptsächlich der indirekten Rede, wobei in den Fällen, wo der Konjunktiv des Präsens dem Indikativ gleicht, die Konjunktivformen des Präteritums ersatzweise Verwendung finden um Verwechslungen auszuschließen. Der Konjunktiv II hingegen wird vom Präteritum abgeleitet und ist immer dann zu benutzen, wenn etwas Nicht-Wirkliches oder bloß Vorgestelltes, Vermutetes, Gewünschtes zur Rede steht. Der Benutzer des Konjunktivs I also betrachtet die mitgeteilte Information in der Regel als zutreffend, aber er muss für den Wahrheitsgehalt nicht selber geradestehen, sondern er ruft einen wirklichen oder imaginären Sprecher als Gewährsmann auf. Der Benutzer des Konjunktivs II aber gibt zu erkennen, dass die mitgeteilte Information nicht oder nur unter gewissen Bedingungen zutreffend ist. Dies ist", so fuhr der allmählich in Eifer geratene Sprachkritiker, während mir der Kopf schwirrte, fort, „ein gewaltiger Unterschied, und wenn der endlich zur Kenntnis genommen würde, so hätte es mit dem herrschenden Konjunktiv-Chaos bald ein Ende. Was mich aber mit Sorge erfüllt, ist die Beobachtung, dass sogar bekannte Gegenwartsautoren den Konjunktiv nur unzureichend beherrschen. So habe ich etwa in der jüngsten Erzählung ,Nachmittag eines Schriftstellers' des zu Recht für sein Sprachgefühl gerühmten Peter Handke folgenden Satz gefunden: ,Während der letzten Stunden im Haus, je lautloser um ihn herum alles geworden war, hatte dem Schriftsteller die Zwangsvorstellung zugesetzt, es gäbe draußen in der Zwischenzeit keine Welt mehr und er in seinem Zimmer sei der letzte Überlebende'. Hier wechselt Handke völlig grundlos von einem Konjunktiv in den anderen. Entweder wollte er sagen, dass diese Zwangsvorstellung völlig irreal gewesen ist, und dann hätte er in beiden Fällen den Konjunktiv II benutzen müssen. Oder er wollte zu verstehen geben, dass für ihn diese Vorstellung dermaßen zwingend war, dass er sie für wirklich halten musste, und dann wäre der Konjunktiv I richtig gewesen. An anderer Stelle schreibt Handke: ,… in den Ohren ein Summen, als sei die Schreibmaschine – was nicht der Fall war – elektrisch'. Dies ist eine eklatante Verwechslung von Konjunktiv I und II, denn weil die Schreibmaschine in der Tat nicht elektrisch war, hätte es heißen müssen: ,… als wäre sie elektrisch'. Ähnliche Beispiele lassen sich bei Handke noch viele finden, woraus hervorgeht, dass weder der Lektor noch der Schriftsteller in Dingen des Konjunktivs sonderlich bewandert sind."

§ 8

Übung 1: *müssen:* unerlässlich sein; es bleibt nichts anderes übrig; gezwungen sein; nicht brauchen ... zu; erforderlich sein – *sollen:* es wird erwartet; einen Rat bekommen; es empfiehlt sich; Plan; vorgesehen sein; es ist ratsam; es gehört sich – *wollen:* bereit sein; gewillt sein; sich etwas vornehmen; Plan; entschlossen sein; etwas vorhaben – *mögen:* Wunsch; Bedürfnis – *können:* in der Lage sein; fähig sein; geeignet sein; Gelegenheit; Begabung; vermögen; machbar sein; imstande sein; sich machen lassen – *dürfen:* das Recht haben; Erlaubnis; Befugnis; Berechtigung; es gehört sich nicht; berechtigt sein; untersagt sein; zulässig sein; genehmigt sein

Übung 2: 1. kann 2. will 3. muss 4. will 5. will 6. kann 7. muss 8. kann / muss 9. dürfen 10. kann 11. will 12. können 13. kann 14. kann 15. müssen

Übung 3: soll – darf / soll(te) – muss / soll(te) – müssen / soll(t)en – muss / soll(te) – können – muss – dürfen – soll – können – darf – darf / kann – können – wollen – kann – muss

Übung 4: 1. Sie müssen Ihren Antrag immer vollständig ausfüllen. 2. Sie müssen die Fragen genau beantworten. 3. Sie sollten sich genügend Zeit zum Ausfüllen nehmen. 4. Sie können / könnten um Fristverlängerung bitten. 5. Sie sollten / müssen alle erforderlichen Unterlagen beifügen. 6. Sie müssen die beigefügten Fotokopien beglaubigen lassen. 7. Sie müssen die Hinweise ... auf der Rückseite unbedingt beachten. 8. Sie sollten nicht mit Bleistift schreiben. 9. Sie müssen / sollten Ihre Briefsendung ausreichend frankieren. 10. Sie sollten Ihre Telefonnummer für ... angeben. 11. Sie sollten dem Sachbearbeiter keine unnötige Arbeit machen. 12. Das sollte / müsste Ihnen eigentlich klar sein. 13. Sie können / könnten dem Sachbearbeiter die Bearbeitung erleichtern. 14. Sie können / könnten den Sachbearbeiter auf die Dringlichkeit ... hinweisen. 15. Sie könnten / können den Sachbearbeiter um eine möglichst schnelle Bearbeitung ... bitten.

Übung 5: 1. Jemand, der gesund ist, muss nicht vorbeugend Medikamente einnehmen / braucht nicht ... einzunehmen. 2. Ein herzkranker Patient darf das Herzmittel nicht absetzen. 3. Jemand, der einen schweren Herzinfarkt hatte, darf nicht nach vier Wochen schon wieder arbeiten. 4. Der Patient darf noch nicht aufstehen. 5. Ein Lungenkranker darf nicht rauchen. 6. Ein Kettenraucher muss / darf sich nicht wundern / braucht sich nicht zu wundern, dass er Lungenkrebs bekommt. 7. Jemand, der ein normales Gewicht hat, muss keine strenge Diät einhalten / braucht keine ... einzuhalten. 8. Eine untergewichtige Frau darf nicht weiter abnehmen. 9. Die Patientin darf nicht / muss nicht so viel liegen / braucht nicht ... zu liegen. 10. Ein magenkranker Patient darf keine zu schwere Kost zu sich nehmen.

Übung 6: Man hätte, 1. nicht so viele Autos in die Innenstädte lassen dürfen. 2. das öffentliche Verkehrsnetz früher ... ausbauen müssen. 3. die Fahrpreise ... nicht laufend anheben dürfen. 4. die Privatautos nicht in den Mittelpunkt der Verkehrsplanung stellen dürfen. 5. Kinder, Fußgänger ... mehr in die Verkehrsplanung einbeziehen müssen. 6. Fußgängerzonen, Radfahrwege ... eher anlegen müssen. 7. die Straßen nicht auf Kosten der Grünflächen verbreitern dürfen. 8. die Städte weitsichtiger ... planen müssen.

Übung 7: 1. Ja, es ist bekannt, dass menschliche Organe transplantiert werden können. 2. Nein, Ärzte dürfen ohne das Einverständnis des Patienten keine Organverpflanzungen durchführen. 3. Ja, es ist erstaunlich, dass die Ärzte die Operationstechniken immer weiter verbessern konnten. 4. Nein, Komplikationen können nicht immer vermieden werden. 5. Nein, vor 1950 konnten die Ärzte solche Organverpflanzungen noch nicht durchführen. 6. Ja, hoffentlich wird man eines Tages die Abwehrreaktionen des Empfängers steuern können. 7. Ich glaube schon, dass die Mediziner die Zahl der Transplantationen noch erhöhen wollen. 8. Nein, in der Vergangenheit konnten nicht immer genügend Organspender gefunden werden. 9. Ja, nach Meinung von Ärzten sollen / sollten sogenannte Organbanken eingerichtet werden. 10. Ja, auf jeden Fall muss der Organhandel … überwacht werden.

Übung 8: 1. Zeitgenössische Autoren sollen ihre Stücke selbst inszenieren. 2. Die Schauspieler sollen eigene Ideen … einbringen. 3. Die Schauspieler sollen / sollten auch mal Gastrollen … übernehmen. 4. Das Personal soll … auch bereit sein, Überstunden zu machen. 5. Die Stadt soll die Theaterarbeit … unterstützen. 6. Die Stadt soll das Theater vergrößern. 7. Auswärtige Theatergruppen sollen / sollten … Gastspiele geben.

Übung 9: 1. Die Mitarbeiter dürfen ihre Arbeitszeit flexibel gestalten. 2. Sein Stellvertreter darf keinen Forschungsurlaub nehmen. 3. Er darf ihn auf dem nächsten Kongress vertreten. 4. Die Mitarbeiter dürfen ihre Fahrräder nicht im Flur … abstellen. 5. Sie dürfen ihre Autos aber vor dem Institut parken. 6. Studenten … dürfen im Institut ein Fest feiern. 7. Ein Student darf die Prüfung … wiederholen.

Übung 10: 1. Solange der Mensch lebt, muss er Nahrung aufnehmen. 2. Die Mahlzeiten sollen / sollten möglichst abwechslungsreich zusammengestellt werden. 3. Dem Körper müssen mit der Nahrung Kohlehydrate … zugeführt werden. 4. Wer abwechslungsreich isst, muss diese Nährstoffe nicht in Tablettenform zu sich nehmen. / braucht … nicht … zu sich zu nehmen. 5. Der … Verlust von Körpergewebe muss / sollte durch … Zunahme von Eiweiß ausgeglichen werden. 6. Der … Eiweißbedarf kann zwar mit Fleisch gedeckt werden, dann muss man aber jeden Tag … Fleisch essen. 7. Wenn man den Eiweißbedarf mit Brot decken will, so braucht man davon … 400 Gramm täglich. 8. Der Eiweißverlust, den … Krankheiten verursachen, kann während der Genesung … wieder ausgeglichen werden.

Übung 11: 1. In einer Demokratie müssen in regelmäßigen Abständen Wahlen stattfinden. 2. Die Bürger können dann unter verschiedenen Parteien … wählen, d.h., jeder erwachsene Bürger darf seine Stimme der von ihm bevorzugten Partei … geben. 3. Zu diesem Zweck muss im Wahllokal ein Stimmzettel ausgefüllt werden. Die Bürger müssen das aber nicht un-

bedingt. Wer nicht wählen will / möchte, muss / braucht das auch nicht. Jeder darf / kann zu Hause bleiben. 4. Dennoch sollte jeder von seinem Wahlrecht Gebrauch machen. Wer das 18. Lebensjahr vollendet hat, darf dem Grundgesetz nach wählen. Und wer die Volljährigkeit erreicht hat, kann gewählt werden. 5. Von einer lebendigen Demokratie spricht man vor allem dann, wenn möglichst viele Bürger selber kandidieren wollen. In diesem Fall kann der Wähler dann auch seine Wahl … treffen. 6. Man kann sich auch an der Briefwahl beteiligen. In diesem Fall sollte man sich die Wahlunterlagen rechtzeitig besorgen … 7. Die Briefwahl hat den Vorteil, dass sich der Wähler … nicht an seinem Wohnort aufhalten muss / aufzuhalten braucht. Vielleicht will / möchte er gerade an diesem Tag verreisen …

Übung 12: Die Erwartungen der heutigen Jugendlichen … können durchaus mit denen ihrer Elterngeneration verglichen werden. Ihre Partner sollen die gleichen Vorzüge haben, die schon ihre Eltern … verlangten. Was für Lebensgefährten 10- bis 15-Jährige haben möchten, ergab eine Umfrage … unter … Schülern. (…) Die künftige Partnerin soll schön, treu … sein. Ein elf Jahre alter Junge stellt hohe Ansprüche …: „Sie muss täglich für mich kochen. Dabei muss ihr Kochen … hotelreif sein." Ein anderer Junge möchte, dass seine Frau Spaghetti kochen kann. Ein … Hauptschüler hat andere Erwartungen: „Ich möchte etwas Ausländisches, mit Temperament …". Bescheiden dagegen ist ein 12-Jähriger: „Meine Frau darf keine Brille tragen, sonst … " Ein anderer Schüler äußert: „Ich will unter keinen Umständen eine Frau heiraten, die … Dialekt spricht." (…) Und ein 15-jähriger Gymnasiast erklärt: „Es stört mich nicht, wenn sie arm ist, aber sie muss mich lieben." – Die Wünsche der Mädchen … : „Ich möchte einen Mann wie den Bundespräsidenten …" Eine 14-Jährige will sich nur für einen Mann entscheiden, der im Haushalt helfen will und kann. Viele Mädchen möchten einen Mann mit Geld heiraten. Eine 13-Jährige meint: „Er muss … wohlhabend sein. Dann darf er auch so aussehen wie Blüm." Eine 14 Jahre alte Gymnasiastin will sich nicht festlegen: „Ich will erst ein paar Männer … ausprobieren, bevor ich ja sage." Ob sie sich dann noch für einen Mann entscheiden kann?

Übung 13: In den USA können staatliche Behörden Angehörige daran hindern, bei einem im Dauerkoma liegenden Schwerkranken die lebenserhaltenden Geräte abschalten zu lassen. Die Medien konnten mit folgendem Gerichtsurteil weltweites Interesse erregen: Ein amerikanisches Ehepaar durfte dem Leben seiner im ... Koma liegenden Tochter kein Ende setzen. Medizinisch gesehen konnte diese Frau nicht mehr gerettet werden. Sie musste künstlich ernährt werden. Ihre Eltern wollten die Geräte abschalten lassen, obwohl die Tochter ihre Zustimmung nicht mehr geben konnte. Nach der Rechtsprechung kann ein Mensch in noch gesundem ... Zustand festlegen, dass er eine Verlängerung seines Lebens ... ablehnt. Das Gericht muss aber noch darüber entscheiden, was geschieht, wenn jemand ... keine schriftliche Willenserklärung abgegeben hat und nicht mehr selbst über sein Leben ... entscheiden kann. Über diese moralischen ... Fragen, die ... auf uns zugekommen sind, muss weiter nachgedacht werden. Die medizinische Fachwelt und die Öffentlichkeit müssen / sollten die Diskussion fortführen. Es kann keine Entscheidung ohne ... Diskussionen getroffen werden. Vor allem Ärzte dürfen eine klare Entscheidung verlangen, damit sie wissen, wie sie sich verhalten müssen.

Übung 14: 1. Die Polizei soll zweimal das Zimmer des Untermieters durchsucht haben. 2. Außerdem soll er sich häufig mit zwielichtigen Personen getroffen haben und diese sollen oft bei ihm gewesen sein. 3. Diese sollen auch neulich nachts im Treppenhaus großen Lärm gemacht haben. 4. Diese Personen sollen untereinander Streit bekommen haben. 5. Der Untermieter soll Mitglied einer Bande sein.

Übung 15: 1. Es soll weit mehr Tote gegeben haben als bei dem letzten großen Erdbeben. 2. Viele Menschen sollen innerhalb weniger Sekunden obdachlos gewesen sein. 3. Die Flucht der Einwohner soll durch eingestürzte Häuser stark behindert worden sein. 4. Viele Straßen sollen sofort unpassierbar gewesen sein. 5. Die Aufräumungsarbeiten sollen angelaufen sein.

6. Die Bergung der Verletzten soll am Abend abgeschlossen worden sein. 7. Viele Menschen sollen bisher vergeblich nach ihren ... Angehörigen gesucht haben. 8. Die ganze Versorgung soll sofort zusammengebrochen sein. 9. Aus aller Welt sollen Hilfsangebote eingegangen sein. 10. Die ersten Transportflugzeuge sollen bereits in den frühen Morgenstunden unterwegs gewesen sein. 11. Das Nachbarland soll Zelte ... zur Verfügung gestellt haben. 12. Ärzte sollen bereits eingeflogen worden sein. 13. Sie sollen schon vor Seuchengefahr gewarnt haben. 14. Es sollen leichte Nachbeben registriert worden sein.

Übung 16: 1. Der Schauspieler Lorenzo Bello will an vielen Bühnen zu Hause gewesen sein. 2. Er will schon als junger Schauspieler großartige Erfolge gehabt haben. 3. Schon nach zweimaligem Lesen will er seine Rollen beherrscht haben. 4. Er will nie Probleme mit seinen Filmpartnern gehabt haben und auf deren Vorschläge (will er) immer eingegangen sein. 5. Er will innerlich immer jung geblieben sein und (will) deshalb noch mit 70 Jahren den jugendlichen Liebhaber sehr überzeugend gespielt haben.

Übung 17: 1. Gestern kurz nach Mitternacht soll es vor dem Gasthof ... eine Schlägerei gegeben haben. 2. Kurz vor Mitternacht wollen Anwohner der ... Ziegelgasse laute Hilferufe gehört haben. 3. Bei der Schlägerei soll einer der Beteiligten mit einem Messer verletzt worden sein. 4. Aber keiner der Beteiligten will ein Messer bei sich gehabt haben. 5. Keiner von ihnen will mit dem Streit angefangen haben. 6. Die Lokalpresse soll heute schon über den Vorfall berichtet haben. 7. An der Schlägerei sollen fünf Personen beteiligt gewesen sein. 8. Ein Zeuge der Schlägerei will versucht haben den Streit zu schlichten. 9. Auch eine Frau soll in die Schlägerei verwickelt gewesen sein. 10. Zu der Auseinandersetzung sollen politische Meinungsverschiedenheiten geführt haben. 11. Die Beteiligten wollen sich ... noch nie für Politik interessiert haben. 12. Sie wollen ganz unschuldig sein und in die Schlägerei nur hineingezogen worden sein. 13. Aber auch Alkohol soll im Spiel gewesen sein. 14. Ein Zeuge will die Beteiligten auch schon an anderer Stelle bei Schlägereien gesehen haben. 15. Sie sollen zur kriminellen Szene gehören und der Polizei längst bekannt sein.

Übung 18: b) Es muss sich ein Unfall ereignet haben. c) Es müssen zwei Autos zusammengestoßen sein. d) Es muss Verletzte gegeben haben. e) Die Geschwindigkeit beider Autos muss ziemlich hoch gewesen sein. – g) Es kann kein Reifen geplatzt sein. h) Der eine Fahrer kann nicht schuld an dem Unfall gewesen sein. i) Alkohol kann nicht die Unfallursache gewesen sein. – k) Die Sonne kann / könnte den Fahrer geblendet haben. l) Auf der regennassen Straße kann / könnte das Auto ins Schleudern gekommen sein. m) Beim Überholen kann / könnte ihm ein Fahrzeug in der Kurve entgegengekommen sein. n) Seine Beifahrerin kann / könnte ihn abgelenkt haben. – p) Die Schnittwunden … der Autoinsassen dürften durch den / bei dem Aufprall entstanden sein. q) Beide Unfallautos dürften kaum noch zu reparieren sein. r) Die Reparaturkosten dürften ziemlich hoch sein. s) Der an dem Unfall Schuldige dürfte den Führerschein entzogen bekommen.

Übung 19: 1. muss / kann nur ein Inder sein. 2. muss / kann nur ein Mexikaner sein. 3. muss / kann nur ein Koch sein. 4. muss / kann nur ein Indianer sein. 5. muss / kann nur ein Dirigent sein. 6. …

Übung 20: Der Bau 1. auf Abbildung 2 muss eine Moschee sein. Er kann kein antiker griechischer Tempel sein. 2. auf Abbildung 3 muss eine russisch-orthodoxe Kirche sein. Er kann keine Kathedrale sein. 3. auf Abbildung 4 muss ein mexikanischer Tempel sein. Er kann keine russisch-orthodoxe Kirche sein. 4. …

Übung 21: 1. Er soll viel Alkohol getrunken haben. 2. Er sollte viel Wasser trinken. 3. Diesen Rat wollte er befolgen. 4. Sie konnte nicht nach Hause fahren. 5. Sie kann nicht in Berlin gewesen sein. 6. Er wollte studieren. 7. Das soll auch der Wunsch seiner Eltern gewesen sein. 8. Er konnte aber nicht studieren. 9. Er muss ein schlechtes Abschlusszeugnis gehabt haben. 10. Sie wollte unbedingt bewundert werden. 11. Das dürfte jedem auf die Nerven gegangen sein. 12. Auch bei ihren Freunden soll das nicht gut angekommen sein. 13. Ein Freund wollte mal mit ihr reden. 14. In diesem Haus soll es gespukt haben. 15. Einige Hausbewohner wollen … unheimliche Geräusche gehört haben. 16. Da müssen sie wohl einer Sinnestäuschung unterlegen gewesen sein. 17. Der Fahrer will an dem Unfall nicht schuld gewesen sein. 18. Er soll nach Kneipenbesuchen oft noch Auto gefahren sein. 19. Seine Aussagen gegenüber der Polizei müssen falsch gewesen sein. 20. Vor Gericht musste er dann die Wahrheit sagen.

Übung 22: 1. Sie hat die Erlaubnis an dem … Wettkampf teilzunehmen. (objektiv) 2. Es heißt, dass sie starke Gegnerinnen hat. (subjektiv) 3. Wahrscheinlich hat sie aber trotzdem gute Gewinnchancen. (subjektiv) 4. Es ist notwendig, dass sie tüchtig trainiert. (objektiv) 5. Sie hat die Absicht sich intensiv mit Sportmedizin zu beschäftigen. (objektiv) 6. Sie hat den Wunsch dieses Fach zu studieren. (objektiv) 7. Man behauptet, dass sie sehr ehrgeizig ist. (subjektiv) 8. Alle Anzeichen sprechen dafür, dass sie eine … bekannte Sportlerin ist. (subjektiv) 9. Sie ist kaum fähig Niederlagen hinzunehmen. (objektiv) 10. Es ist möglich, dass das vielen Sportlern ebenso geht. (subjektiv)

Übung 23: Die globale Umweltverschmutzung verändert unser Klima vermutlich/wahrscheinlich nachhaltig. Wenn weiterhin so viele fossile Brennstoffe verfeuert werden, steigt zweifellos/bestimmt der Kohlendioxidgehalt in der Atmosphäre. Selbst durch radikale Maßnahmen ist der Treibhauseffekt wahrscheinlich/vermutlich nicht mehr aufzuhalten. Erreichbar ist eine langsamere Zunahme des Treibhauseffekts. Das ist bestimmt/zweifellos eine länderübergreifende Anstrengung wert. – Der Anstieg der Temperaturen ist unmöglich noch aufzuhalten. In den heißen Sommern der letzten Jahre hat sich möglicherweise/vielleicht der vorhergesagte Treibhauseffekt schon abgezeichnet. Die ungewöhnlich starken Wirbelstürme der letzten Jahre waren angeblich schon eine Folge der Erwärmung der Ozeane. Nach … ansteigen; es sind aber auch bis zu einhundertvierzig Zentimeter nicht ausgeschlossen. Das ist aber sicher nicht unbedingt für alle Länder nachteilig, für manche ist es vielleicht/möglicherweise sogar von Vorteil.

Übung 24: Man behauptet, dass fast jeder Sportler zur Leistungssteigerung schon mal Drogen genommen hat. Es ist deshalb notwendig/unerlässlich, dass sich alle Sieger einer Dopingkontrolle unterziehen. 1988 musste der schnellste Läufer der Welt … seine Goldmedaille … zurückgeben. Sportler haben aber die Möglichkeit Mittel einzunehmen, die den Dopingnachweis erschweren. Aus diesem Grund sollen die Bestimmungen liberalisiert werden / will man die Bestimmungen liberalisieren. Dieser Plan soll bei den Sportverbänden schon viel Zustimmung gefunden haben. Wahrscheinlich ändert sich im olympischen Sport bald etwas. Vielleicht dürfen Sportler in … Zukunft Dopingmittel unter ärztlicher Kontrolle einnehmen. Bis dahin müsste das Publikum eigentlich mit dem Beifall bis zum Abschluss der Dopinganalyse warten.

Übung 25: Das Leben eines Wissenschaftlers soll sehr aufregend und befriedigend sein. In Wirklichkeit jedoch müssen Wissenschaftler oft mit Enttäuschungen und Rückschlägen fertig werden. Nur selten können sie die Befriedigung für eine gelungene Arbeit auskosten. Selbst Sigmund Freud will dieses „ozeanische Gefühl" nicht oft erlebt haben. Was muss ein Wissenschaftler können? Zunächst einmal ist es notwendig/erforderlich, dass er einen gewissen Forscherdrang besitzt, d. h., er sollte ausdauernd und methodisch forschen können. Auch muss er prüfen, ob er in der Lage / fähig / imstande ist, sich auf eine wissenschaftliche Aufgabe zu konzentrieren und ob er gründlich und sorgfältig arbeiten will. Die an einen Wissenschaftler gestellten Ansprüche überfordern wahrscheinlich/vermutlich manchen, der sich für die Wissenschaft entschieden hat. Deshalb sollten junge Wissenschaftler, die sich diesen Anforderungen nicht gewachsen fühlen, gründlich über die eigenen Möglichkeiten nachdenken und unter Umständen die Wissenschaft aufgeben. Nach dem Rückzug aus der wissenschaftlichen Arbeit dürfte sich so mancher richtiggehend befreit fühlen.

Übung 26: Man darf Charles Darwin durchaus zu den bekanntesten Naturforschern … zählen. Zeitgenössische Kritiker Darwins sagten, er sei ein guter Beobachter, aber er könne nicht argumentieren. Dennoch: Sein Buch … hätte keinen so großen Erfolg gehabt, wenn er nicht überzeugend hätte argumentieren können. Darwins Argumente können zudem durchaus nachvollzogen werden. Im Jahre 1831 hatte Darwin Gelegenheit / die Möglichkeit eine Weltumseglung zu begleiten. Zuerst soll aber ein anderer Naturforscher für diese Reise ausgewählt worden sein. (…) Diese Reise soll das spätere Leben … dieses Mannes bestimmt haben. Auf der Weltumseglung konnte Darwin viele … Entdeckungen machen, die … Wenn er auch nicht das Phänomen der Evolution entdeckte, so ist er wahrscheinlich/vermutlich auf dieser Reise schon auf das Problem der Entstehung der Tierarten gestoßen. Diese Reise hat seine Gedankenwelt zweifellos / mit Sicherheit entscheidend beeinflusst, denn was er in der Folge publizierte, wird zu Recht … Nach dieser Reise war es unmöglich, die Darwinsche „Revolution" noch aufzuhalten.

Übung 27: Trends der amerikanischen Gesellschaft sollen einige Jahre brauchen, bis sie nach Europa kommen. Wenn diese Behauptung stimmt, wird den europäischen Rauchern vermutlich/wahrscheinlich bald das Lachen vergehen. In den Metropolen … können Raucher eigentlich nur noch in den eigenen vier Wänden unbehelligt rauchen. In der Öffentlichkeit ist es kaum noch möglich, seine Zigarette zu genießen. Die Anti-Raucher-Bewegung konnte erstaunliche Erfolge erringen. Seit 1990 ist es auf inneramerikanischen Flügen … nicht mehr gestattet / erlaubt / ist es verboten zu rauchen. In den meisten öffentlichen Gebäuden … darf nicht geraucht werden. Eine ähnliche Tendenz kann in der Privatindustrie beobachtet werden. Es ist auch untersagt/verboten, Zigarettenautomaten aufzustellen. Ob es auf diese Weise möglich ist, den Rauchern den Zugang zu Zigaretten zu verwehren? Das dürfte nicht gelingen. Die Raucher müssen seit 1986 eine Niederlage nach der anderen einstecken. Auch die Tabakstaaten … waren nicht imstande / nicht in der Lage die Anti-Raucher-Gesetze zu verhindern. Der Trend gegen das Rauchen kann nicht aufgehalten werden. Wer seinem Verlangen nach Nikotin trotzdem noch nachgibt, muss eine beträchtliche Geldstrafe bezahlen. (…) Ihre Erfolge haben wahrscheinlich/vermutlich Auswirkungen auf die Anti-Raucher-Bewegung in den anderen Ländern. Dass nur noch knapp 25 Prozent der erwachsenen Amerikaner rauchen, muss auf den sozialen Druck … zurückgeführt werden. Alle Nichtraucher können sich also freuen.

Übung 28: Man kann die Senioren als Zielgruppe der Wirtschaft nicht länger übersehen. Wenn man ältere Käufer gewinnen will, ist es erforderlich, die Besonderheiten ihres Konsumverhaltens zu berücksichtigen. Es ist nicht möglich, um sie mit den gleichen Mitteln zu werben wie um jüngere Menschen, denn … Die Werbung muss sich an diesen Wünschen orientieren. Da Senioren viel Zeit haben, können sie die Angebote auch in Ruhe prüfen … Sie möchten beim Einkaufen gut … beraten werden. Das dürfte der Grund dafür sein, dass sie lieber … in der Nähe ihrer Wohnung einkaufen, denn sie sind dort bekannt und können Kontakte pflegen. (…) Sie möchten gute Waren kaufen und wechseln nicht gern die Marken. Fast alle älteren Menschen haben die Absicht / sind gewillt, sich gut und gesund zu ernähren; viele von ihnen müssen sich zudem an Diätvorschriften halten. So sollten Lebensmittel als gesund und aktivierend angeboten werden, dann dürften sie Abnehmer finden. Die Reformhäuser können sich freuen: 45 Prozent des Marktes … Bei einem Rückblick … kann man feststellen, dass die Werbung … die Älteren als Kunden entdeckt hat. Es ist heute nicht mehr möglich, die großen Werbebemühungen … zu übersehen. Da Rentner normalerweise nicht viel Geld ausgeben können, müssen ihnen preisgünstige Angebote gemacht werden. Dass zum Beispiel die Werbung der Deutschen Bundesbahn … sehr erfolgreich war, muss/kann als Beweis angesehen werden.

§ 9

Übung 1: 1. Der Fahrlehrer hilft dem Fahrschüler die Anmeldebögen ausfüllen. 2. Die Fahrschule hat im Büro Landkarten hängen. 3. Der Prüfer lässt einen Kandidaten seinen komplizierten Namen buchstabieren. 4. Der Prüfer sieht einen jungen Mann aufgeregt hin und her laufen. 5. Der Prüfer hört ihn mit anderen Prüflingen über die Prüfungsbedingungen diskutieren. 6. Der Prüfling spürt Nervosität aufkommen. 7. Der Prüfer schickt einen Fahrlehrer die Autoschlüssel holen. 8. Nach der Prüfung kommt ein Vater seinen Sohn abholen. 9. Die anderen gehen noch ein Bier trinken. 10. Der Fahrlehrer hat keine Zeit; er fährt seine Eltern vom Bahnhof abholen.

Übung 2: 1. Die Stewardess hat den letzten Passagier einsteigen sehen. 2. Der Pilot hört die Turbinen laufen. 3. Der Pilot hatte in seiner Aktentasche einen Talisman stecken. 4. Gestern abend sind die Piloten mit Freunden essen gegangen. 5. Sie sind noch an der Hotelbar sitzen geblieben. 6. Der Pilot hat schon mit 20 Jahren bei der Bundeswehr fliegen gelernt. 7. Der Kopilot half vor dem Start dem Flugingenieur einen kleinen technischen Fehler beseitigen. 8. Danach ging er die Stewardess informieren. 9. Der Pilot hatte vor einem Jahr eine Bewerbung bei einer anderen Fluggesellschaft laufen. 10. Der Pilot lässt den Kopiloten öfter starten und landen.

Übung 3: Der Richter lässt 1. den Angeklagten aufstehen. 2. ihn Angaben zu seiner Person machen. 3. ihn zu den Anschuldigungen Stellung nehmen. 4. ihn über seine Tatmotive sprechen. 5. die Zeugen einzeln vortreten. 6. einen Justizbeamten den Gerichtssaal räumen. 7. die Zuhörer bei der Verlesung des Urteils aufstehen. 8. einen Justizbeamten den Verurteilten abführen.

Übung 4: Die Eltern haben ihren Sohn nicht 1. abends ausgehen lassen. 2. mitentscheiden lassen, in welche Schule er geht. 3. viel fernsehen lassen. 4. jeden Krimi ansehen lassen. 5. auf Partys gehen lassen. 6. Popmusik hören

lassen. 7. allein in die Ferien fahren lassen.
8. selbständig werden lassen.

Übung 5: 1. Der Fahrschüler wollte unbedingt Auto fahren lernen. 2. Man darf beim Schalten das Getriebe nicht krachen lassen. 3. Der Fahrlehrer darf dem Kandidaten nicht lenken helfen. 4. Der Fahrlehrer will keine Prüfungsbögen im Auto rumliegen haben. 5. Der Prüfer kann den Fahrschüler die Prüfung nicht bestehen lassen. 6. Der Fahrschüler will sich seine Enttäuschung nicht anmerken lassen. 7. Er möchte sich von niemandem Vorwürfe machen lassen. 8. Er muss zur Entspannung erst einmal angeln gehen.

Übung 6: 1. Der Prüfer hätte den Fahrschüler nicht … warten lassen dürfen. 2. Er hätte ihn nicht mehrmals ... bremsen und wieder anfahren lassen müssen. 3. Er hätte ihn nicht … wenden lassen müssen. 4. Er hätte ihn … nicht durch die Innenstadt fahren lassen müssen. 5. Er hätte ihn nachts nicht auf der Autobahn fahren lassen müssen. 6. Der Fahrschüler hätte den Motor nicht … ausgehen lassen dürfen. 7. Er hätte nicht mitten auf der Kreuzung stehen bleiben dürfen. 8. Er hätte die Fußgänger über den Zebrastreifen gehen lassen müssen. 9. Der Prüfer hätte den Fahrschüler die Prüfung wiederholen lassen können.

Übung 7: 1. Er pflegt gewöhnlich nicht viel zu trinken. 2. Aber auf der heutigen Party vermag er sich nicht zu beherrschen. 3. Es steht zu befürchten, dass er zu viel trinkt. 4. Deshalb kommen einige Gäste bereits auf seinen Alkoholkonsum zu sprechen. 5. Sie verstehen den jungen Mann vorübergehend abzulenken. 6. Seine Bemühungen drohen total zu scheitern. 7. Seine Erwartungen scheinen sich nicht zu erfüllen. 8. Es heißt für ihn, den Tatsachen ins Auge zu sehen. 9. Eine unglückliche Liebe ist nicht so leicht zu überwinden. 10. Er vermag nicht zu begreifen, warum sie nichts von ihm wissen will. 11. Dabei verspricht er ein erfolgreicher Anwalt zu werden. 12. Er weiß mit Menschen gut umzugehen. 13. Er braucht sich um Klienten sicher nicht zu bemühen. 14. Wann traut er sich endlich mit ihr zu sprechen? 15. Er bekam in letzter Zeit wenig Gelegenheit sie zu sehen. 16. Sie scheint einen

großen Bekanntenkreis zu haben. 17. Er gedenkt sie aber auf gar keinen Fall aufzugeben. 18. Tag und Nacht vermag er an nichts anderes mehr zu denken. 19. Er sucht ihr seltsames Verhalten zu verstehen. 20. Sie hat ihm natürlich keine Rechenschaft zu geben. 21. Auch hat er keine Ansprüche an sie zu stellen. 22. Trotzdem vermag er seine Enttäuschung nicht zu verbergen.

Übung 8: 1. Petra braucht nicht noch mehr zu lernen. 2. Sie braucht nicht den gesamten Stoff zu wiederholen. 3. Sie braucht … nicht noch eine Klausur zu schreiben. 4. Sie braucht keine Angst zu haben. 5. Sie braucht nicht auf die Party zu verzichten. 6. Sie braucht das Referat ja noch nicht … abzugeben. 7. Du brauchst die Hausarbeit kaum zu verändern. 8. Du brauchst nur noch ein Referat zu schreiben. 9. Du brauchst dich auf die mündliche Prüfung kaum noch vorzubereiten. 10. Du brauchst nur etwas mehr an die frische Luft zu gehen. 11. Du brauchst kaum früher aufzustehen als bisher. 12. Du brauchst die Bücher nur in der Bibliothek auszuleihen. 13. Du hättest nicht nervös zu werden brauchen. 14. Du hättest vor Angst nicht wie gelähmt zu sein brauchen. 15. Du hättest keine Angst zu haben brauchen, dass dir die Zeit nicht reicht / reichen würde. 16. Du hättest deiner Nachbarin nicht zu helfen brauchen. 17. Du hättest die Arbeit nicht so früh abzugeben brauchen. 18. Du hättest nicht die ganze Nacht schlaflos im Bett zu liegen brauchen.

Übung 9: 1. Jede freie Stelle ist auch intern auszuschreiben. 2. Der Personalrat ist bei der Besetzung von Dauerarbeitsplätzen zu hören. 3. Die einzelnen Dienststellen haben das zu akzeptieren. 4. Der Personalrat ist bei Stellenbesetzungen nicht zu übergehen. 5. Er hat alle Bewerbungen sorgfältig zu prüfen. 6. Er hat darauf zu achten, dass Schwerbehinderte … 7. Niemand ist wegen Schwerbehinderung zu benachteiligen. 8. Nach dem Schwerbehindertengesetz sind Schwerbehinderte zu einem Vorstellungsgespräch einzuladen. 9. Bei gleichwertiger Eignung … sind bevorzugt Frauen einzustellen. 10. Der Personalrat hat zu überprüfen, ob …, denn er hat über die Einhaltung der … Grundsätze zu wachen. 11. Die einstellende Behörde hat dem Personalrat auch die Kriterien der Bewerberauswahl mitzuteilen. 12. Der Personalrat hat innerhalb von sieben Arbeitstagen zu dem Vorschlag ... Stellung zu nehmen.

Übung 10: Kinder lassen sich gern Märchen erzählen oder vorlesen. Dabei sieht man sogar unruhige Kinder stillsitzen. Die komplexe moderne Welt droht Kinder zu überfordern. Deshalb suchen sie in die Märchenwelt einzutauchen. Kinder lassen Märchen auf sich wirken. Märchen vermögen die Fantasie der Kinder anzuregen. Kinder sehen die Märchenfiguren alle möglichen Gefahren überwinden. Märchen wie „Das tapfere Schneiderlein" helfen das Vertrauen der Kinder in ihre eigenen Kräfte zu stärken. Die Kinder sehen „Hans im Glück" allein in die weite Welt hinausziehen und sein Glück finden. Kinder suchen sich mit den Märchenfiguren zu identifizieren. Auf diese Weise vermögen Märchen den Kindern eine optimistische Lebenshaltung zu vermitteln. Die ausgleichende Gerechtigkeit und der gute Ausgang der Märchen geben den Kindern die Zuversicht, dass sie sich nicht zu fürchten brauchen. Märchen lassen sich als Projektionen menschlicher Wünsche und Ängste deuten. Die Welt der Märchen hilft dem Kind seine Ängste bewältigen (... seine Ängste zu bewältigen). Trotz mancher Grausamkeiten vermögen Märchen das Vertrauen in einen sinnvollen Weltzusammenhang zu stärken. Kinder lernen die Welt durch Märchen besser verstehen (... besser zu verstehen). Märchen vermögen ihnen wichtige Einsichten über die Menschen zu geben. Durch Märchen scheinen die Gefühle der Kinder stark angesprochen zu werden. Märchenhandlungen geben den Kindern zu denken. Sie bleiben in der Vorstellungswelt der Kinder haften. Märchen scheinen aber nicht nur Kinder im „Märchenalter" von sechs bis acht Jahren zu beeindrucken.

§ 10

Übung 1: 1. die Teilnahme von 380 Delegierten am Parteitag 2. ihr pünktliches Eintreffen 3. das Abhalten von Parteitagen in regelmäßigen Abständen 4. die Eröffnung des mehrtägigen Parteitags durch den Parteivorsitzenden 5. die Verlesung des Rechenschaftsberichts durch den Parteivorsitzenden 6. die Offenlegung der Finanzen durch den Schatzmeister der Partei 7. die Forderung nach einer Änderung der Tagesordnung 8. die Diskussion verschiedener Punkte des Parteiprogramms 9. die rege Beteiligung aller Delegierten an den Diskussionen 10. der starke Anstieg der Mitgliederzahl im letzten Jahr 11. die heftige Diskussion über höhere Mitgliedsbeiträge 12. die Abstimmung der Delegierten über verschiedene Anträge 13. die Erweiterung des Parteivorstandes um zwei Mitglieder 14. die einstimmige Wiederwahl des Parteivorsitzenden 15. die Überreichung eines Blumenstraußes an den Parteivorsitzenden 16. das hohe Ansehen des Vorsitzenden bei den Schwesterparteien in den anderen Ländern 17. seine große Beliebtheit auch bei jüngeren Mitgliedern 18. sein Dank an alle Delegierten für ihren Einsatz 19. das Ende des Parteitags 20. der erfolgreiche Verlauf des Parteitags 21. das Verbot der Partei im Jahre 1934 durch die Nationalsozialisten 22. die Neugründung der Partei nach 1945

Übung 2: 1. Das immer geringere Interesse der Bürger am politischen Leben ist alarmierend. 2. Die Bürger haben nur bei den Wahlen die Möglichkeit der Einflussnahme auf politische Prozesse. 3. Die Information der Bürger durch Politiker ... ist oft unzureichend. 4. Niemand bezweifelt die Mitschuld der Medien an der fehlenden Kommunikation zwischen ... 5. Der Staat sollte die Empörung der Bürger über die Verschwendung von ... ernst nehmen. 6. Der Schaden für das Ansehen der Politiker durch ... ist nicht zu unterschätzen. 7. Die Forderung des Bundeskanzlers nach einer gründlichen Überprüfung ist begrüßenswert. 8. Der Anspruch alleinerziehender Mütter auf mehr Unterstützung ist berechtigt. 9. Die Finanzierung der Sozialleistungen ... ist in Frage gestellt. 10. Ein Sozialstaat hat aber die Unterstüt-

zung sozial Schwacher zu gewährleisten.
11. Die Schaffung weiterer Arbeitsplätze … ist
kaum zu leisten. 12. Durch die weitere Rationalisierung der Unternehmen werden Kosten eingespart.

Übung 3: 1. der Anstieg der Produktion / die
steigende Produktion 2. die spürbare Preissenkung 3. der Erfolg der Wirtschaftspolitik / die
erfolgreiche Wirtschaftspolitik 4. der Einfluss
des Wirtschaftsministers / der einflussreiche
Wirtschaftsminister 5. die bevorstehende
Zinserhöhung 6. die Fragwürdigkeit der Zinspolitik / die fragwürdige Zinspolitik 7. die große
Investitionsbereitschaft 8. die erwartete Steigerung des Sozialprodukts 9. der Rückgang der
Arbeitslosigkeit / die zurückgehende Arbeitslosigkeit 10. der verständliche Optimismus

Übung 4: 1. Die Studenten treffen rechtzeitig
am Studienort ein. 2. Die Studentenzahlen
steigen ständig. 3. Die Zulassungen sind beschränkt. 4. Der Numerus clausus wird von den
Studenten kritisiert. / Die Studenten kritisieren
den … 5. Die Studenten fordern die Abschaffung des Numerus clausus. 6. Es werden neue
Universitäten gegründet. 7. Der Rektor schlägt
eine Verkürzung der Studienzeit vor. 8. Die …
Bundesländer finanzieren die Universitäten. /
Die Universitäten werden von den einzelnen
Bundesländern finanziert. 9. Die Studenten suchen Zimmer. 10. Das Studentenwerk vermittelt Zimmer. / Zimmer werden vom … vermittelt. 11. Die Mieten steigen drastisch an.
12. Die Studenten empören sich über die hohen Mietpreise. 13. Meinungsforscher befragen
die Neuimmatrikulierten. / Die Neuimmatrikulierten werden von Meinungsforschern befragt.
14. Viele Studenten hoffen auf ein Stipendium.
15. Verschiedene Stiftungen fördern begabte
Studenten. / Begabte Studenten werden durch
… gefördert. 16. Studenten sind versicherungspflichtig. / … müssen sich versichern. 17. Die
Studienanfänger werden in ihr Fach eingeführt.
18. Die Ratschläge von Professoren … sind gut.
/ Professoren und … geben gute Ratschläge.
19. Das Semester wird mit einer Feier eröffnet.
20. Das Rauchen ist in den Hörsälen verboten.
/ In den Hörsälen darf nicht geraucht werden.
21. Fächerkombinationen sind möglich. /
Fächer können kombiniert werden. 22. Es wer-

den neue Studiengänge eingerichtet. 23. Es
werden Studentenvertreter in die Verwaltungsgremien gewählt. 24. Der Rektor dankt den Studentenvertretern für ihre Mitarbeit. 25. Es fehlt
an der Bereitschaft, im Ausland zu studieren.
26. EU-Programme werden eingerichtet und erfolgreich durchgeführt.

Übung 5: Boden: Die touristische Infrastruktur zersiedelt den Boden. / Der Boden wird
durch die touristische Infrastruktur zersiedelt.
Öl, Ruß … vergiften den Boden. / Der Boden
wird durch … vergiftet. Wegebau, Schneeraupen usw. verursachen Erosion. / Durch Wegebau … wird Erosion verursacht. – Wasser: Ein
Hotelgast am Mittelmeer verbraucht pro Tag
400 Liter Wasser. / Pro Tag und Hotelgast werden … 400 Liter Wasser verbraucht. Das Meer
wird wegen fehlender Kläranlagen verschmutzt. Sportanlagen werden bewässert.
Müll, Sonnenöl usw. verunreinigen das Wasser.
/ Das Wasser wird durch Müll … verunreinigt. –
Luft: Verkehrslärm belästigt die Bewohner. /
Die Bewohner werden durch Verkehrslärm
belästigt. Verkehr und Heizungen … verschmutzen die Luft. / Die Luft wird durch …
verschmutzt. Es werden FCKW-haltige Sprays
verwendet. / Man verwendet … – Menschen:
Die eigene Kultur wird überfremdet. Knappe
Lebensmittel … werden verbraucht. Sitten und
Gebräuche werden beeinträchtigt. Saurer Regen
und Beschädigung zerstören kulturelle Güter. /
Durch … werden kulturelle Güter zerstört.
Wertvolle Antiquitäten werden verkauft. / Man
verkauft … – Tiere: Taucher beschädigen Korallen. / Durch … werden Korallen beschädigt. Es
werden Souvenirs aus Tierprodukten gekauft. /
Man kauft … Touristische Anlagen zerstören
Lebensräume. / Durch … werden Lebensräume
… zerstört. Skifahrer verunsichern die Tiere. /
Die Tiere werden durch … verunsichert. Exotische Tiere werden fotografiert. / Man fotografiert … – Pflanzen: Luftschadstoffe … bedrohen
die Wälder. / Die Wälder werden durch … bedroht. 40.000 Kilometer Skipisten zerstören die
alpine Pflanzenwelt. / Die alpine Pflanzenwelt
wird durch … zerstört. Bäume werden abgeholzt. / Man holzt … ab. Grünanlagen reduzieren die Pflanzenvielfalt. / Die Pflanzenvielfalt
wird durch … reduziert.

Übung 6: 1. Die Menschenrechte, insbesondere das Recht auf Nahrung ..., sollen eingehalten werden. 2. Die vorgeschriebenen Lohn- und Arbeitsgesetze sollen eingehalten werden. 3. Die Gewerkschaftsfreiheit soll respektiert werden. 4. Die Arbeitsbedingungen und die Mindestlöhne ... für Frauen sollen verbessert werden. 5. Die arbeitsmedizinischen Vorschriften sollen überwacht werden. 6. Es sollen betriebliche Gesundheitskomitees eingesetzt werden. 7. Trinkwasser, Duschen und die notwendige Arbeitskleidung sollen ausreichend bereitgestellt werden. 8. Die medizinische Versorgung soll verbessert werden. 9. Die gesetzlich vorgeschriebenen Sicherheitsbestimmungen sollen ... eingehalten und kontrolliert werden. 10. Es sollen unabhängige wissenschaftliche Untersuchungen über ... durchgeführt werden. 11. Bei Schnittblumen soll eine Deklarationspflicht nach ... eingeführt werden. 12. Der Export von ... Pestiziden soll verboten werden.

§ 11

Übung 1: 1. Arno Funke wird vorgeworfen sechs Bombenanschläge ... verübt zu haben. Er leugnet nicht 1988 ... 500.000 Mark erpresst zu haben. 2. Er erinnert sich nach Erhalt des Geldes ... herumgereist zu sein und seine Frau auf den Philippinen kennen gelernt zu haben. In den Jahren 1992 bis 94 hoffte er durch Bombendrohungen 1,4 Millionen Mark ... zu erpressen und damit seine ... leere Kasse füllen zu können. 3. Er stand vor dem Problem Frau und Kind ernähren zu müssen. Doch die Aussicht an die Karstadt-Millionen heranzukommen wurde immer geringer. 4. In den Monaten vor seiner Festnahme hielt er es durchaus für möglich, irgendwann aufzugeben und sich der Polizei zu stellen. Die Polizei ging davon aus, ihn durch Verzögerungen der Geldübergabetermine verunsichern und zermürben zu können. 5. Er gibt zu bei diesen Terminen bewaffnet gewesen zu sein. 6. Er entsinnt sich in der Zeit vor seiner Festnahme ziemlich im Stress gewesen zu sein. Er behauptet der Polizei den Erfolg gegönnt zu haben. 7. Er erinnert daran, im Oktober 92 der Polizei um Haaresbreite entkommen zu sein. Ihm war es wichtig, mit seinen Bombenanschlägen keine Menschenleben zu gefährden. 8. Zur Entschuldigung für seine Straftaten führt er an nach Aufgabe seiner Berufstätigkeit ... kein Geld gehabt und von der Sozialhilfe gelebt zu haben. Er versichert unter seiner ... Arbeitsunfähigkeit sehr gelitten zu haben und von Selbstmordgedanken gequält worden zu sein. 9. Er betont von niemandem beeinflusst und unterstützt worden zu sein. 10. Das Gericht bescheinigt ihm intelligent sowie technisch ... sehr begabt zu sein. Er muss sich darauf einstellen, zu ... Haft verurteilt zu werden.

Übung 2: 1. auszusteigen – zu gründen 2. gewesen zu sein – zu führen 3. gekauft zu haben – zu leben 4. zu schaffen – anzulegen – zu bauen – zu ebnen 5. gearbeitet zu haben 6. zu ersetzen – angeschlossen zu haben – aufzubauen – zu nutzen 7. zu besitzen – zu stellen – zu verzichten 8. zu haben – verzichten gelernt zu haben 9. gesucht zu haben – gelernt zu haben – unterhalten zu können 10. zu schicken 11. zu verkaufen – verdient (zu haben) – zurückgelegt zu haben – leben zu können – zu sein – zu verkaufen 12. zu haben – zu kennen – begonnen (zu haben) – gegründet zu haben 13. angesehen worden zu sein – gefunden zu haben – integriert zu sein

Übung 3: 1. mich beruflich zu verändern. 2. die Wahrheit gesagt zu haben. 3. von anderen nicht richtig eingeschätzt zu werden. / mich falsch zu verhalten. 4. in einen Autounfall verwickelt zu werden. / mich im Wald zu verirren. 5. mich anderen gegenüber hervorzutun. / bevorzugt behandelt zu werden. 6. mit dem Flugzeug zu fliegen. / benachteiligt worden zu sein. 7. etwas gegen meine Überzeugung zu tun. 8. vor dem Einschlafen noch eine halbe Stunde zu lesen.

Übung 4: 1. …, dass in der Antike nur die Beschäftigung mit Kunst … zu gesellschaftlichem Ansehen führte. 2. … politische Ämter zu bekleiden. 3. …, dass Handwerker und Sklaven politischen Einfluss ausübten. 4. …, niedere Arbeiten ausführen zu müssen und nicht frei leben zu können. 5. …, dass die Oberschicht auf die Arbeit der Handwerker und Sklaven angewiesen war. 6. …, Sklaven zu halten. 7. …, durch beruflichen Aufstieg Sozialprestige und Macht zu gewinnen. 8. …, dass viele Menschen ihr Selbstbewusstsein aus dem beruflichen Erfolg beziehen. 9. … schon kleine Kinder mit der Arbeitswelt vertraut zu machen. 10. …, Leistungen zu erbringen. 11. …, dass sich die Einstellung zur Arbeit im Laufe der Jahrhunderte gewandelt hat. 12. …, der Arbeit eine überragende Bedeutung beizumessen.

Übung 5: 1. Unerträglich ist der Gedanke, dass auf der ganzen Welt unschuldige Menschen verhaftet … werden. 2. Die Behauptung vieler Staaten nicht zu foltern, entspricht nicht … 3. Jeder Mensch hat den Wunsch seine Meinung frei zu äußern und in Freiheit leben zu können. 4. ai hat die Absicht die Menschenrechte weltweit durchzusetzen. 5. Der Versuch von ai unschuldige Menschen vor Folterung … zu bewahren ist nicht … 6. Die Annahme, dass die ai-Aktionen immer Erfolg haben, ist falsch. 7. Es ist bewiesen, dass weltweite ai-Aktionen mehr Erfolg haben als begrenzte Aktionen.

8. Die Bemühungen von ai die Weltöffentlichkeit zu mobilisieren … 9. Jeder ist aufgefordert die ai-Aktionen zu unterstützen. 10. Man hat z. B. die Möglichkeit der Organisation Geld zu spenden. 11. Die Befürchtung, dass das Engagement für ai zurückgeht, ist begründet. 12. Es ist eine Tatsache, dass sich immer mehr Menschen in Umwelt– und Bürgerinitiativen engagieren. 13. Die Überzeugung der ai-Mitarbeiter wichtige und sinnvolle Arbeit zu leisten bestärkt sie … 14. Die Entscheidung des norwegischen Parlaments die Organisation mit dem Friedensnobelpreis auszuzeichnen wurde 1977 realisiert. 15. Wenig später trafen sich acht Personen … mit der Absicht eine unparteiische internationale Organisation zu gründen. 16. Ihre Entscheidung der Organisation den Namen Amnesty International zu geben fiel noch am gleichen Tag.

Übung 6: 1. …, dass die Bundesrepublik längst zu einem Einwanderungsland geworden ist. 2. …, dass z. B. in der Stadt Heidelberg der Ausländeranteil … 12 Prozent betrug. 3. … zur Beteiligung der Ausländer … Ausländerräte zu schaffen. 4. … dass sich der Heidelberger Ausländerrat aus siebzehn ausländischen und sechs deutschen Mitgliedern zusammensetzt. 5. …, die ausländischen Mitglieder des Ausländerrates zu wählen. 6. … die deutschen Mitglieder des Ausländerrates zu bestimmen. 7. …, dass der Vorsitzende ein Ausländer sein muss. 8. …, die Interessen der ausländischen Einwohner zu vertreten. 9. …, zwischen den ausländischen Bürgern und der Stadt zu vermitteln. 10. …, den Gemeinderat der Stadt in allen Ausländerfragen zu beraten. 11. … dem Ausländerrat die notwendigen Mittel zur Verfügung zu stellen. 12. … Fragen zu stellen. 13. …, dass sich an der ersten Wahl des Ausländerrates 1990 nicht alle ausländischen Bürger beteiligt haben.

Übung 7: 1. Ein Arbeitsloser rechnet damit, vom Arbeitsamt vermittelt zu werden. 2. Ein Arbeitnehmer ist es gewohnt, von der Firma über wichtige Veränderungen unterrichtet zu werden. 3. Er kann davon ausgehen, durch den Betrieb versichert zu werden / zu sein. 4. Er ist darauf eingestellt, innerhalb des Betriebes versetzt zu werden. 5. Er verlässt sich darauf, durch den Betriebsrat gegenüber der Geschäftsleitung vertreten zu werden.

Übung 8: 1. In großen Betrieben wird versucht den Betriebsrat teilweise oder ganz von seiner Arbeit freizustellen. 2. Es ist üblich, viermal im Jahr eine Betriebsversammlung einzuberufen. 3. Dann ist es möglich, zu den Beschlüssen des Betriebsrats Stellung zu nehmen. 4. Es ist Gesetz, den Betriebsrat vor jeder Kündigung anzuhören. 5. Dem Betriebsrat wird garantiert ihn in allen seinen Belangen zu schützen.

Übung 9: 1. ... von der Bundesrepublik angeworben zu werden. 2. ..., als Gastarbeiter bezeichnet zu werden. 3. ... nicht so freundlich wie Gäste behandelt zu werden. 4. ... bei ihrer Einreise nicht auf so viele Probleme gefasst gewesen zu sein. 5. ... von den Deutschen enttäuscht zu sein. 6. ..., für schwere ... Arbeiten eingesetzt zu werden. 7. ..., nicht gleichberechtigt zu sein. 8. ..., den Gastarbeitern das Wahlrecht zu gewähren. 9. ..., die Gastarbeiter rechtlich und menschlich zu integrieren. 10. ..., auf die langfristige Anwesenheit ... nicht vorbereitet gewesen zu sein. 11. ..., heute nicht mehr so dringend wie früher gebraucht zu werden. 12. ..., bei der Rückkehr in die Heimat für den neuen Start finanziell gut ausgerüstet zu sein.

Übung 10: 1. Vorurteile und Unwissenheit abzubauen ist dringend notwendig /..., das ist dringend notwendig. 2. Menschen auf Grund ihrer Hautfarbe ... abzulehnen muss als intolerant bezeichnet werden / ..., das muss als intolerant bezeichnet werden. 3. Toleranz und Weltoffenheit durchzusetzen ist ein erstrebenswertes Ziel / ..., das ist ... 4. Die Empfehlung, seine Einstellung ... zu überdenken, kann man jedem geben. 5. Die Hoffnung, in naher Zukunft ein selbstverständliches Zusammenleben ... zu erreichen, haben viele noch nicht aufgegeben. Viele haben die Hoffnung, in naher Zukunft ... zu erreichen, noch nicht aufgegeben. 6. Kontakte zu Ausländern versuchen nicht alle Deutschen aufzunehmen. 7. Ausländerfeindlich motivierte Straftaten empfehlen viele Bürger noch härter zu bestrafen. 8. Umstellung nicht möglich. 9. Umstellung nicht möglich. 10. Jeder sollte Fremde in ihrer Andersartigkeit zu akzeptieren versuchen. / Fremde in ihrer Andersartigkeit zu akzeptieren, das sollte jeder versuchen. 11. Die Integration der Ausländer zu verbessern, das hat die Regierung beschlossen.

§ 12

Übung 1: ..., wie viele schwere Tankerunfälle sich ... ereignet haben. 2. ..., mit welchen Schäden bei Tankerunfällen gerechnet werden muss. 3. ..., ob es besonders gefährliche Tankerrouten gibt. 4. ..., wohin das Öl hauptsächlich transportiert wird. 5. ..., ob die vorgeschriebenen Routen eingehalten werden. 6. ..., auf welche Weise der Öltransport sicherer gemacht werden kann. 7. ..., ob der Schaden nicht dadurch begrenzt werden könnte, dass Öl auf kleineren Tankern transportiert wird. 8. ..., ob der Öltransport nicht strenger überwacht werden muss.

Übung 2: 1. dass – ob 2. ob 3. ob – dass 4. ob – dass – ob 5. ob – ob – 6. ob – dass – dass – ob 7. dass – ob – dass – dass 8. ob – dass 9. dass – dass 10. ob – ob 11. dass – ob 12. dass – dass 13. dass – dass

Übung 3: 1. Es ist angesichts des hohen Energieverbrauchs unerlässlich, Energie zu sparen. Angesichts des ... Energieverbrauchs ist es unerlässlich, Energie zu sparen. 2. Es hilft uns nicht weiter, über die auslaufenden Energievorräte zu klagen. 3. In jedem Haushalt ist es möglich, den Energieverbrauch zu senken. Es ist in jedem Haushalt möglich, den Energieverbrauch zu senken. 4. Es kostet ... nicht viel, konventionelle Glühlampen gegen Energiesparlampen auszutauschen. 5. Es bleibt keinem energiebewussten Hausbesitzer erspart, die Außenwände zu isolieren. Keinem ... Hausbesitzer bleibt (es) erspart(,) ... 6. Es empfiehlt sich ..., Fugen an Fenstern und Türen abzudichten. 7. Es macht sich ... bezahlt, Doppelglasfenster einzubauen. Bezahlt macht sich ... 8. Es wirkt sich energiesparend aus, Heizungsthermostaten zu verwenden. Energiesparend wirkt (es) sich aus(,) ...

Übung 4: 1. Beim Einkaufen ist umweltbewusstes Verhalten ratsam. 2. Der Verzicht auf überflüssige Verpackungen versteht sich von selbst. 3. Außerdem bietet sich der Kauf von Agrarerzeugnissen aus biologischem Anbau an. 4. Der Boykott umweltschädlicher Produkte hat manchmal Erfolg. 5. Die richtige Entsorgung der Haushaltsabfälle ist jedem zumutbar.

6. Die Befolgung / Das Befolgen guter Ratschläge lohnt sich. 7. Gute Vorsätze reichen aber nicht aus. 8. Die Umsetzung / Das Umsetzen guter Vorsätze in die Tat ist wichtiger.

Übung 5: 1. Man erkennt den Arbeitsfanatiker daran, dass er zwanghaft aktiv ist. 2. Ein Arbeitsfanatiker ist es gewohnt, täglich 12 bis 16 Stunden zu arbeiten. 3. Er neigt dazu, die Arbeit überzubewerten. 4. Er gibt aber nicht gerne zu von der Arbeit abhängig zu sein. 5. Er wünscht sich eine glänzende Karriere zu machen. 6. Er ist fest (davon) überzeugt(,) unersetzbar zu sein. 7. Einem Arbeitsfanatiker kommt es darauf an, anerkannt zu sein und Sozialprestige zu besitzen / zu haben. 8. Niemand kann (es) bestreiten, dass anspruchsvollere Berufsgruppen für die Arbeitssucht besonders anfällig sind.

Übung 6: 1. Einem Arbeitsfanatiker dient Arbeit als Flucht vor Konflikten. 2. Wenn möglich vermeidet er die Auseinandersetzung mit sich selbst und (mit) anderen. 3. Er beklagt sich über seine Isolierung in der Familie. 4. Er will seine ständige Überanstrengung nicht zugeben. 5. Er leugnet seine körperlichen Beschwerden so lange wie möglich. 6. Bis kurz vor dem Zusammenbruch lehnt er den Gang zum Arzt ab. 7. Er wehrt sich auch gegen eine psychotherapeutische Behandlung. 8. Der Arbeitsfanatiker begreift sein krankhaftes Verhalten nicht.

Übung 7: es – es – es – damit – dagegen – darum – darauf – dazu – es – dazu – damit – darauf – damit – es – es – es – dafür – darauf – dazu – es darauf – darauf – davon – es – darauf – damit

Übung 8: 1. Peters Entscheidung einen praktischen Beruf zu wählen stand fest. 2. Vor allem beschäftigte ihn die Frage, ob er sich für den gewählten Beruf eignet / eigne. 3. Er hatte Freude daran, kreativ zu arbeiten. 4. Für ihn bestand noch Unsicherheit darüber, ob er die geplante Ausbildung finanzieren kann / ob die geplante Ausbildung finanzierbar ist. 5. Deshalb war für ihn die Frage wichtig, wie lange die Ausbildung dauert und was / wie viel sie kostet. 6. Er hatte Angst in dem gewählten Beruf arbeitslos zu werden. 7. Meldungen darüber, dass die Arbeitslosigkeit steigt, beunruhigten ihn. 8. Niemand konnte ihm eine Garantie dafür geben, dass der Arbeitsplatz gesichert ist.

Übung 9: 1. nach Aufstiegschancen im Betrieb 2. auf adäquate Einstufung und Bezahlung 3. nach Versetzung in eine andere Abteilung 4. zur Weiterbildung 5. einer Umorientierung 6. an eine nochmalige berufliche Veränderung 7. zur Mitwirkung im Betriebsrat 8. zur Mitwirkung bei betrieblichen Entscheidungen 9. auf Mitbestimmung im Betrieb 10. um eine Verbesserung des Betriebsklimas

Übung 10: Arbeitnehmer müssen sich immer wieder darauf einstellen, dass ihre Arbeitsplätze umstrukturiert werden. Die Betriebe sind darauf angewiesen, ihre Kapazität zu erweitern. Die Wirtschaft unterliegt nämlich dem Zwang einer ständigen Umsatzsteigerung. Daher sind die Unternehmen besonders auf die Entdeckung immer neuer Marktlücken aus. Die Anpassung der Produktion an den Bedarf ist nämlich unerlässlich für sie. Allerdings erfüllt sich ihre Hoffnung gute Umsätze zu erzielen, nicht automatisch. Die Sorge, dass die Energien und Rohstoffe knapp werden, macht die Industrie zunehmend nachdenklicher. Bis vor kurzem galt die hemmungslose Ausbeutung der vorhandenen Rohstoffreserven noch als unbedenklich. Es ist bekannt, dass die Industrie Widerstand gegen den Erlass strengerer Gesetze zum Umweltschutz leistet. Deshalb verlangen die Unternehmen auch, dass die Umweltschutzmaßnahmen subventioniert werden / die Umweltschutzmaßnahmen zu subventionieren. Dies ist ihrer Meinung nach eine Bedingung für die Stabilität der Wirtschaft und die Sicherung der Arbeitsplätze. Die Unternehmer bedauern, dass ein großer Teil der Öffentlichkeit eine negative Einstellung zur technologischen Entwicklung hat / zur technologischen Entwicklung negativ eingestellt ist.

Übung 11: 1. Man sollte es unterlassen, taktlos zu sein. / Taktlosigkeiten zu begehen. 2. Es ist empfehlenswert, höflich miteinander umzugehen. 3. Der Versuchung zu ständiger Kritik an anderen sollte man widerstehen. 4. Selbstüberschätzung ist ein Charakterfehler. 5. Es ist selbstverständlich, auf die Schwächen anderer Menschen Rücksicht zu nehmen. 6. Es ist aber auch legitim, den eigenen Standpunkt zu verteidigen. 7. Die Bereitschaft zu Kompromissen / Kompromissbereitschaft erleichtert den Umgang miteinander. 8. Man sollte nicht darauf bestehen, unausgereifte Pläne zu realisieren. 9. Man sollte bedenken, dass gute Absichten oft nicht ausreichen. 10. Man sollte (es) unbedingt vermeiden(,) sich unter Zeitdruck zu entscheiden / Entscheidungen unter Zeitdruck zu treffen. 11. Vorsicht ist vor Menschen mit besonders stark ausgeprägtem Bedürfnis nach Lob und Anerkennung geboten. 12. Niemandem bleibt die Hinnahme von Enttäuschungen erspart. / Niemandem bleiben Enttäuschungen erspart.

§ 13

Übung 1: 1. Erziehung ist schwieriger geworden, weil die Einflüsse von außen vielfältiger geworden sind. / denn die Einflüsse … sind vielfältiger geworden. 2. Es gibt keine allgemein gültigen Wertvorstellungen mehr, deshalb fühlen sich viele Mütter … unsicher.
3. Viele Mütter werden bei der Erziehung … kaum unterstützt, deshalb fühlen sie sich überfordert. 4. Viele Frauen fühlen sich den … Anforderungen nicht gewachsen, weil sie zu sehr mit ihren eigenen Problemen beschäftigt sind / denn sie sind zu sehr … beschäftigt. 5. Viele Mütter haben Angst um ihre Kinder, weil unter Jugendlichen der … Drogenkonsum steigt / denn unter Jugendlichen steigt der … Drogenkonsum. 6. Kinder sind heute sehr anspruchsvoll, deshalb kosten sie viel Geld. 7. Viele Mütter trauern der Zeit ihrer Berufstätigkeit nach, weil sie als „Nur-Hausfrauen" wenig gesellschaftliches Ansehen haben / denn sie haben als … wenig gesellschaftliches Ansehen. 8. Kinder sind heute sehr früh selbstständig, weil viele Mütter ihre Berufstätigkeit nicht aufgeben / denn viele Mütter geben ihre Berufstätigkeit nicht auf. / Viele Mütter geben … nicht auf, weil Kinder … selbstständig sind.

Übung 2: Heute entscheiden sich viele Frauen … gegen Kinder 1. wegen / auf Grund / infolge vieler instabiler und häufig wechselnder Partnerschaften. 2. wegen / auf Grund / infolge der wirtschaftlichen Benachteiligung von Familien mit Kindern. 3. aus Angst vor der ungewissen Zukunft ihrer Kinder. 4. wegen / auf Grund / infolge der kinderfeindlichen Umwelt. 5. aus Angst vor der Isolierung in der Kleinfamilie. 6. auf Grund / aus einer allgemeinen Verunsicherung in Erziehungsfragen. 7. wegen / auf Grund / infolge der Zunahme der Erziehungsprobleme mit Kindern und Jugendlichen.

Übung 4: 3. Weil Menschen in den Naturhaushalt im Land selbst, aber auch in aller Welt eingreifen, ist Bangladesch längerfristig vom Untergang bedroht. 4. Infolge von Absenkungen des Grundwassers … sowie der auf Grund des Treibhauseffektes zunehmenden Niederschläge und Stürme … besteht Gefahr für Bang-

ladesch. 5. Weil das Meer das Land erobert, nimmt es Abermillionen Menschen ihren Lebensraum und gefährdet Bangladesch. 6. Bangladesch ist gefährdet, weil oberflächige Abholzungen im Himalaya zu einem rasanten Abfluss der Monsunregenfälle führen. 7. Wassermassen tragen die Berge ab, Flüsse treten immer häufiger über die Ufer, darum / deshalb / aus diesem Grund ist Bangladesch gefährdet. 8. Wegen des fehlenden fruchtbaren Sediments auf den Äckern ist Bangladesch gefährdet. 9. Weil zur Bewässerung der Felder das rare Grundwasser gefördert werden muss, senkt sich die Landoberfläche ab, weshalb Bangladesch gefährdet ist. 10. Weil der Meeresspiegel … ansteigt und (weil) mit einer Zunahme extremer Wettersituationen zu rechnen ist, ist Bangladesch gefährdet. 11. Bangladesch ist in Gefahr, denn die Fluten fordern nicht nur Menschenleben, sie zerstören auch unwiederbringlich Wohngebiete, Äcker …

Übung 5: 1. aus / vor Zorn – vor Zorn – aus / vor Wut – aus Angst – vor Wut – vor Angst – aus Trotz 2. vor Eifersucht – aus Eifersucht – aus Langeweile 3. vor Neid – aus Neid – aus Enttäuschung 4. vor Freude 5. aus Übermut – vor Freude – aus Gutmütigkeit 6. aus Zeitmangel – vor Zeitmangel – vor Erschöpfung – aus Gewohnheit 7. aus Liebe

Übung 6: Manche Politiker beginnen Kriege 1. aus Vorurteilen gegenüber anderen Völkern, … 2. aus Ehrgeiz und Machthunger. 3. aus Fanatismus. 4. aus dem Streben (heraus), eine Großmacht zu werden / aus Großmachtstreben. 5. aus der Erfahrung, dass Kriege … 6. aus Enttäuschung über den Ausgang des letzten Krieges. 7. aus Rache für erlittenes Unrecht. 8. aus der Überzeugung, den begonnenen Krieg zu gewinnen. 9. aus Angst, dass der Gegner … 10. aus Solidaritätsgefühl mit einem angegriffenen Land. 11. Und so werden aus den verschiedensten Gründen immer wieder Kriege geführt.

Übung 7: Ich studiere, 1. weil ich weiterkommen möchte als meine Eltern / denn ich möchte weiterkommen … / damit ich weiterkomme … / um weiterzukommen … 2. weil mein Berufsleben interessanter werden soll als das meiner Eltern / denn mein Berufsleben soll… / da-

mit mein Berufsleben interessanter wird ...
3. weil mein Leben wirtschaftlich gut abgesichert sein soll / denn mein Berufsleben soll ... / damit mein Berufsleben gut abgesichert ist.
4. weil ich vor dem Einstieg ins Berufsleben noch das Studentenleben genießen möchte / denn ich möchte ... / damit ich vor dem Einstieg ins Berufsleben ... genießen kann / um vor dem Einstieg ... zu genießen. 5. weil meine Fähigkeiten gefördert werden sollen / denn meine Fähigkeiten sollen gefördert werden / damit meine Fähigkeiten gefördert werden.
6. weil ich einen Beitrag zu gesellschaftlichen Veränderungen leisten möchte / damit ich einen Beitrag ... leiste / um einen Beitrag ... zu leisten. 7. weil ich später keine untergeordnete Tätigkeit ausüben will / denn ich will später keine ... ausüben / damit ich später keine untergeordnete Tätigkeit ausüben muss / um später keine ... Tätigkeit ausüben zu müssen.
8. weil der elterliche Betrieb in Familienhand bleiben soll / denn der elterliche Betrieb soll ... bleiben / damit der elterliche Betrieb ... bleibt.

Übung 8: Ich studiere 1. ..., weil für meinen Traumberuf ein Studium erforderlich ist / denn für meinen Traumberuf ist ein Studium erforderlich. 2. damit ich den Einstieg ... noch etwas hinauszögere / um den Einstieg ... noch etwas hinauszuzögern. 3. ..., weil Akademiker ein hohes gesellschaftliches Ansehen genießen / ..., denn Akademiker genießen ... 4. ..., damit ich auf die Übernahme der elterlichen Praxis gut vorbereitet bin / um auf die Übernahme ... gut vorbereitet zu sein. 5. ..., weil heutzutage eine qualifizierte Ausbildung sehr wichtig ist / ..., denn heutzutage ist ... sehr wichtig. 6. ..., weil in unserer immer komplizierter werdenden Welt Experten gefragt sind / denn ... Experten sind gefragt. 7. ..., weil ein praktischer Beruf für mich nicht in Frage kommt / ..., denn für mich kommt ... nicht in Frage. 8. ..., weil Akademiker auf dem Arbeitsmarkt bessere Chancen haben / ..., denn Akademiker haben ... bessere Chancen.

Übung 9: Hahn gründete das College 1. ..., damit die Schüler fremde Sprachen im täglichen Umgang erlernen. 2. um den Schülern Fachwissen in englischer Sprache zu vermitteln. 3. um die Schüler zur Selbstständigkeit zu erziehen. 4. ..., damit die Schüler fremde Kulturen kennen lernen. 5. ..., damit die Schüler Toleranz üben und erfahren. 6. ..., damit die Schüler täglich Völkerverständigung praktizieren. 7. um seine Vorstellungen von der ganzheitlichen Bildung junger Menschen zu verwirklichen. 8. um die Schüler für soziale Probleme zu sensibilisieren. 9. damit die Schüler Möglichkeiten zum sozialen Engagement haben / sich sozial engagieren können. 10. ..., damit die Schüler Erfahrungen bei der Betreuung lernschwacher Jugendlicher sammeln.

Übung 10: 1. Die Menschen arbeiten an immer schnelleren Fortbewegungsmitteln um mobiler zu werden. Die Menschen wollen mehr Mobilität; dafür arbeiten sie an ... Für / Zum Zwecke von mehr Mobilität arbeiten die Menschen an ... 2. Die Menschen haben Flugzeuge entwickelt um Entfernungen schneller zu überwinden. Die Menschen wollen Entfernungen schneller überwinden; dazu haben sie ... entwickelt. Für eine schnellere / Zum Zwecke einer schnelleren Überwindung von Entfernungen haben die Menschen ... entwickelt. 3. Sie haben die verschiedensten Informationssysteme eingerichtet um Nachrichten möglichst schnell zu verbreiten. Sie wollen Nachrichten ... verbreiten; dazu haben sie ... eingerichtet. Zur möglichst schnellen Verbreitung von Nachrichten haben sie ... eingerichtet. 4. Sie schießen Nachrichtensatelliten in den Weltraum um sich gut und schnell zu informieren. 5. Für eine schnellere / Zum Zwecke einer schnelleren Übermittlung schriftlicher Mitteilungen an den Empfänger bauen sie Telefaxgeräte. 6. Sie wollen Denkvorgänge beschleunigen; dazu benutzen sie Computer.

Übung 11: 1. Männer sind gesünder als Frauen; trotzdem / dennoch ist ihre Lebenserwartung deutlich niedriger als bei Frauen. Obwohl / Obgleich Männer gesünder sind als Frauen, ist ihre Lebenserwartung deutlich niedriger. Zwar sind Männer gesünder als Frauen, aber ihre Lebenserwartung ist (trotzdem) niedriger.
2. Männer haben eine höhere Widerstandskraft als Frauen; trotzdem / dennoch leben sie nicht so lange wie Frauen. Obwohl / Obgleich Männer eine höhere Widerstandskraft haben als

Frauen, leben sie nicht so lange. Zwar haben Männer eine höhere Widerstandskraft als Frauen, aber sie leben (trotzdem) nicht so lange. Ungeachtet der Tatsache, dass Männer eine höhere Widerstandskraft haben …, leben sie nicht so lange. 3. Obwohl / Obgleich Männer keine so gesunde Lebensweise haben wie Frauen, sind sie seltener krank. 4. Frauen schlafen regelmäßiger und ernähren sich gesünder als Männer; dennoch / trotzdem werden sie öfter krank. 5. Ungeachtet der Tatsache, dass Frauen engere zwischenmenschliche Beziehungen haben als Männer, finden sich bei ihnen mehr psychosomatische Symptome … 6. Zwar sind Frauen anfälliger für Krankheiten, aber sie haben (trotzdem) eine … höhere Lebenserwartung als Männer.

Übung 12: 1. Obwohl man von morgens bis abends beriet, zogen sich die Verhandlungen über mehrere Tage hin. Man beriet von morgens bis abends; trotzdem zogen sich die Verhandlungen … hin. 2. Selbst wenn die Kompromissbereitschaft groß ist, einigt man sich selten in allen Fragen. Selbst bei großer Kompromissbereitschaft einigt man sich … 3. Auch wenn sehr offen diskutiert wird, Missverständnisse kann es geben. Auch bei sehr offenen Diskussionen kann es … 4. Wenn sich die Gesprächspartner auch noch so bemühten, alle Meinungsverschiedenheiten konnten nicht ausgeräumt werden. Bei allen Bemühungen der Gesprächspartner konnten nicht … 5. Zwar wollten einige Teilnehmer die Konferenz früher … beenden, aber sie wurde wie geplant zu Ende geführt. 6. Ungeachtet der Tatsache, dass einige Konferenzteilnehmer vorzeitig abreisten, führte man noch Abstimmungen durch. Ungeachtet der vorzeitigen Abreise einiger Konferenzteilnehmer führte man … durch. 7. Man einigte sich in den meisten Fragen; trotzdem waren einige Teilnehmer mit dem Ergebnis … nicht zufrieden. Trotz Einigung in den meisten Fragen waren einige Teilnehmer … nicht zufrieden. 8. Obwohl alles gut vorbereitet war, gab es einige Pannen. Trotz guter Vorbereitung gab es …

Übung 13: Die Industriestaaten lassen zur / zwecks Reduzierung der Produktionskosten Mikrochips in Ostasien fertigen. Sie exportieren die Konstruktionsteile um sie dort verarbeiten zu lassen / …, damit sie dort verarbeitet werden. Dann werden die fertigen Chips zwecks Einbau in Computer und Konsumgüter wieder in die Industriestaaten importiert. Wegen / Auf Grund der niedrigen Lohnkosten in Ostasien lohnt sich der weite Transport. Obwohl / Obgleich alle die Mikrochip-Revolution bewundern / die Mikrochip-Revolution allgemein bewundert wird, interessiert sich kaum jemand für den Alltag der in dieser Industrie arbeitenden Menschen. Die Firmen stellen wegen ihrer Lernbereitschaft und Geduld zu 90 Prozent Frauen ein. Weil für die Arbeit Geschicklichkeit erforderlich ist, beschäftigen die Firmen vorwiegend Frauen … Die Arbeiterinnen setzen sich selbst unter Druck um die festgesetzte Produktionsmenge zu bewältigen. Aus Angst vor dem Verlust ihres Arbeitsplatzes wagen sie während der Arbeit nicht mal einen Gang zur Toilette. Obwohl / Obgleich die Arbeitsbedingungen hart sind, bemühen sich Hunderttausende junger Frauen um einen Arbeitsplatz … Weil sie einen Arbeitsplatz haben, verfügen viele der Frauen zum ersten Mal … über selbstverdientes Geld. Zur / Zwecks Sicherung ihrer finanziellen Unabhängigkeit nehmen sie fast jede ihnen angebotene Stelle an. Viele arbeiten auch, weil sie sich gegenüber ihrer Familie verantwortlich fühlen. Trotz / Ungeachtet vieler Probleme am Arbeitsplatz sind nur wenig Frauen gewerkschaftlich organisiert. Sie haben keine Arbeitsverträge, deshalb können sie jederzeit entlassen werden. Da in der Chipindustrie eine große Konkurrenz herrscht, sind leicht kündbare Beschäftigte für die Firmen eine Grundvoraussetzung. Bei Verlust ihres Arbeitsplatzes stehen die Frauen vor einer ungewissen Zukunft. (…) Frauen vom Land sind auf Arbeitsplätze in der Industrie angewiesen, denn in ländlichen Gebieten gibt es wenig Beschäftigungsmöglichkeiten. Trotz / Selbst bei einer abgeschlossenen Schulbildung haben viele Frauen kaum Aufstiegschancen.

Übung 14: 1. Die Weltbevölkerung nimmt so / derart / dermaßen rapid zu, dass die Versorgung mit Nahrungsmitteln gefährdet ist. Die Weltbevölkerung nimmt rapid zu, so dass die Versorgung … Die Weltbevölkerung nimmt rapid zu; infolgedessen / folglich / deshalb / deswegen / darum / aus diesem Grund / demzufolge ist die Versorgung ... gefährdet. Infolge der rapiden Zunahme der Weltbevölkerung ist die Versorgung ... gefährdet. 2. Die Medizin macht große Fortschritte; infolgedessen / darum / deswegen / aus diesem Grund geht die Kindersterblichkeit zurück. 3. Infolge des Nahrungsmangels / Infolge von Nahrungsmangel sterben viele Menschen den Hungertod. 4. Die Geburtenrate nimmt ständig zu; infolgedessen / deshalb vergrößert sich auch die Armut. 5. Die Städte dehnen sich so / derart / dermaßen gewaltig aus, dass große Ballungsräume entstehen. 6. Bisher unberührte Gebiete werden besiedelt; so / infolgedessen kommt es zur Zerstörung von Landschaften / werden Landschaften zerstört. Infolge der Besiedlung bisher unberührter Gebiete kommt es ... 7. Die Nachfrage nach Gütern ... steigt; infolgedessen / deshalb / deswegen / aus diesem Grund wächst die Industrie. 8. Infolge der zunehmenden Industrialisierung steigt der Verbrauch von Energie und Rohstoffen. 9. Die Umwelt ist so / dermaßen / derart stark belastet, dass der natürliche Lebensraum der Menschen allmählich zerstört wird. 10. Infolge der Umweltverschmutzung treten immer häufiger umweltbedingte Krankheiten auf. 11. Die Bevölkerungsdichte ist so hoch, dass die Menschen mit Stress reagieren.

Übung 15: 1. Die Städte in den Ländern der Dritten Welt wachsen dermaßen schnell, dass die Metropolen außer Kontrolle geraten. Die Städte ... wachsen schnell; deswegen geraten die Metropolen außer Kontrolle. 2. Die ländlichen Lebensbedingungen verschlechtern sich derart, dass immer mehr Menschen ... in die Städte ziehen. Infolge der Verschlechterung der ländlichen Lebensbedingungen ziehen immer mehr Menschen ... in die Städte. 3. Die Landflucht hält an; folglich herrscht in den Städten Chaos. Infolge der anhaltenden Landflucht herrscht in den Städten Chaos. 4. Zu viele Menschen leben auf zu engem Raum zusammen, so dass es zu sozialen Konflikten kommt. Zu viele Menschen leben ... zusammen, deshalb kommt es zu sozialen Konflikten. 5. Das Verkehrsaufkommen ist so stark, dass die Schadstoffkonzentration in der Luft sehr hoch ist. Infolge des starken Verkehrsaufkommens ist die Schadstoffkonzentration ... sehr hoch.

6. Politiker und Städteplaner sind ratlos, so dass die Entwicklung nach eigenen Gesetzmäßigkeiten abläuft. / ... ratlos; infolgedessen läuft die Entwicklung nach eigenen Gesetzmäßigkeiten ab. 7. Die Landflucht nimmt ein solches Tempo und Ausmaß an, dass fast jede Planung unmöglich erscheint. 8. Armut und Wohnungsnot sind extrem; daher entstehen ... riesige Elendsviertel. Infolge extremer Armut und Wohnungsnot entstehen ... riesige Elendsviertel.

Übung 16: 1. wenn 2. wenn 3. wenn 4. wenn 5. falls 6. falls 7. wenn 8. wenn 9. wenn 10. falls 11. falls 12. falls 13. wenn 14. wenn 15. falls

Übung 17: Agressives Verhalten tritt bei Affen und Menschen bevorzugt auf, a) wenn Konkurrenz um Nahrung besteht / wenn sie um Nahrung konkurrieren. b) wenn sie ein Junges verteidigen. c) wenn zwei etwa Gleichrangige um die Vormachtstellung kämpfen. d) wenn erlittene Aggressionen an Rangniedere weitergegeben werden. e) wenn sie ein sich abweichend verhaltendes Gruppenmitglied wahrnehmen. f) wenn ein Wechsel im Ranggefüge erfolgt. g) wenn sich Paare bilden. h) wenn ein Fremder in die Gruppe eindringt. i) wenn Gegenstände geraubt werden.

Übung 18: 1. wenn 2. wenn 3. es sei denn, dass 4. wenn 5. es sei denn, dass 6. es sei denn, dass 7. es sei denn, dass

Übung 19: 1. es sei denn, dass 2. wenn 3. wenn 4. wenn 5. es sei denn, dass 6. es sei denn, dass 7. wenn 8. es sei denn, dass 9. wenn – wenn 10. es sei denn, dass 11. es sei denn, dass 12. wenn

Übung 20: 1. Babys brauchen eine Bezugsperson, sonst / andernfalls gewinnen sie kein Vertrauen. 2. Ohne Zuwendung bleiben Babys in ihrem körperlichen Wachstum zurück. 3. Das Kontaktbedürfnis von Babys muss befriedigt werden, andernfalls / sonst fühlen sie sich nicht angenommen. 4. Babys dürfen nicht isoliert werden, sonst / andernfalls muss mit Entwicklungsstörungen gerechnet werden. 5. Ohne körperlichen Kontakt wird das

Nervensystem von Babys nicht ausreichend aktiviert. 6. Babys müssen sich geborgen fühlen, sonst / andernfalls entwickeln sie ihre mentalen ... Fähigkeiten nicht altersgemäß.

Übung 22:   Wenn aggressive höhere Wirbeltiere in Verbänden zusammenleben, entwickelt sich regelmäßig eine soziale Rangordnung. Bei der neuen Zusammensetzung einer Hühnerschar z.B. raufen die Hennen reihum; ... Die Sieger haben ... Vortritt vor den besiegten Hühnern und übernehmen, wenn / im Falle, dass Gefahr droht, eine Reihe von Aufgaben wie ... Bei Verstoß gegen die erkämpfte Rangordnung werden die besiegten Hühner gehackt. Die Rangordnung muss allgemein respektiert werden, sonst / andernfalls geht es in einer Hühnerschar nicht friedlich zu. Die Herausbildung einer Rangordnung ist ... wichtig, sonst / andernfalls gäbe es bei gleichrangigen Tieren ständig Reibereien. Die Rangordnung hat aber nur Bestand, wenn / für den Fall, dass jedes Tier sich seinem Rang entsprechend verhält. Beim Vergleich verschiedener Kulturen sieht man, dass Rang und Prestige ... auch beim Menschen eine große Rolle spielen. Wenn sich Gruppen bilden, wird meist sehr schnell ein Anführer gesucht. Schon Kinder halten beim Spielen eine bestimmte Rangordnung ein. Bei einer so weit verbreiteten Rangordnung kann man von einer angeborenen Disposition dazu ausgehen, allerdings nicht bei allen Wirbeltieren. Das zeigt sich, wenn einzelgängerische Säugetiere aufgezogen werden. Bei dem Versuch, z. B. Dachse oder Eisbären zu erziehen, wird man schnell feststellen, dass sie sich dem Menschen nicht unterordnen ...

Übung 23:   1. Dadurch, dass die landwirtschaftliche Produktion gesteigert wurde, gelang es in Europa, den Hunger zu bekämpfen. 2. Die Ernährung der Bevölkerung ... konnte sichergestellt werden, indem die landwirtschaftliche Anbaufläche vergrößert wurde. 3. Die moderne Landwirtschaft verbesserte ihre Ergebnisse mit Hilfe von Maschinen und Kunstdünger. 4. Der Transport von Lebensmitteln wurde dadurch erleichtert, dass neue Verkehrsmittel entwickelt und Verkehrswege ausgebaut wurden. 5. Man hat die Abhängigkeit der Menschen von den Erntezeiten ... zu lösen versucht, indem man

Lebensmittel haltbar machte. 6. In früheren Zeiten hat man Lebensmittel konserviert, indem man sie gekocht, geräuchert und getrocknet hat. 7. Durch Verbesserung der alten und (durch) Entwicklung neuer Konservierungsmethoden wurde die Abhängigkeit der Menschen von guten und schlechten Ernten fast ganz überwunden. 8. Die alten Konservierungsmethoden wurden ergänzt, indem Lebensmittel ... erhitzt oder eingefroren wurden. 9. Der heutige Konsument kann dadurch vor Giftstoffen ... geschützt werden, dass die Lebensmittel regelmäßig kontrolliert und schädliche Zusatzstoffe verboten werden.

Übung 24:   Man kann einen Menschen dadurch beeinflussen, dass man ihn hypnotisiert. Man kann die Wahrnehmung eines bestimmten Ausschnitts der Außenwelt dadurch verbessern, dass man einen hypnotischen Zustand herbeiführt. Diesen Hypnosezustand kann man dadurch erreichen, dass man sich auf einen ganz bestimmten Bereich konzentriert und alle anderen wahrnehmbaren Reize ausschaltet. Der Zustand der Hypnose ist mit jenen menschlichen Mechanismen vergleichbar, mit denen sich Körper und Geist vor drohenden Überforderungen schützen, indem sie bestimmte Umstände ausgrenzen. Dadurch, dass ein solcher Mechanismus wirksam wird, kann in der Hypnose das Gefühl für Schmerzen verringert werden. Teilgelähmte Patienten kann man z. B. dadurch zum Verlassen ihres Rollstuhls bewegen, dass man ihre Schmerzen hypnotisch lindert.

Übung 25:   (...) Über größere Entfernungen grüßt man, indem man gestikuliert, wie etwa, indem man die offene Hand hebt, den Hut lüftet oder ein Friedenszeichen ... zeigt. Oft meldet man seine Annäherung dadurch, dass / indem man über große Distanzen ruft. Auf meinen Fußmärschen durch ... meldeten meine Träger unsere Ankunft, indem / dadurch, dass sie laut von den Berghängen ... riefen. (...) Nach SPENCER und GILLEN unterrichtet bei nordaustralischen Stämmen ein Besucher die Gruppe, der er sich nähert, indem / dadurch, dass er eine Reihe von Rauchfeuern entzündet. Ist man nahe genug an seinen Grußpartner herangekommen, ..., dann grüßt man auch, indem / dadurch, dass man Kopf und Gesicht bewegt. (...) Selbst jene Papuas , die ..., grüßten, indem sie nickten, lächelten und schnell die Augenbrauen anhoben und senkten. (...)

Übung 26: 1. Viele Menschen haben heutzutage viel Freizeit, ohne damit etwas anfangen zu können. 2. Viele Menschen verdienen genügend Geld, ohne ihren Wohlstand zu genießen. 3. Viele wollen in einer leitenden Stellung arbeiten, ohne Verantwortung übernehmen zu wollen. 4. Viele wünschen sich mehr Urlaub, ohne sich an den arbeitsfreien Tagen zu erholen. 5. Viele sehnen sich nach einem zwanglosen ... Leben, ohne diese Freiheit ertragen zu können. 6. Viele verwünschen ihren vollen Terminkalender, ohne etwas gegen die Überlastung zu tun. 7. Viele fordern mehr Freizeit, ohne Lohnkürzungen zu akzeptieren. 8. Viele sind mit ihrem Arbeitsplatz unzufrieden, ohne sich um eine passendere Stelle zu bemühen.

Übung 27: 1. Anstatt sich mit seinen Mitmenschen offen auseinander zu setzen, benutzt der Spieler den Spielautomaten als Kampfplatz ... 2. Der Spieler geht nicht auf andere Menschen zu; stattdessen zieht er sich ... zurück. 3. Anstatt Konflikte verbal auszutragen, reagiert der Spieler sie am Spielautomaten ab. 4. Der Spieler interessiert sich nicht für Menschen; stattdessen denkt er nur an Spielautomaten. 5. Anstatt sich mit seinem eigenen Verhalten ... auseinander zu setzen, verdrängt der Spieler seine Probleme beim Glücksspiel. 6. Anstatt seine Spielsucht zu bekämpfen, versucht der echte Spieler seine Leidenschaft zu rechtfertigen. 7. Der Spieler sucht Erfolgserlebnisse nicht im Beruf; stattdessen erhofft er sie sich vom Glücksspiel. 8. Anstatt seine Geschicklichkeit als Hobbybastler zu zeigen, funktioniert der Spieler das Automatenspiel ... um. 9. Anstatt den hohen Geldeinsatz zu scheuen, investiert der Spieler immer höhere Summen. 10. Der Spieler zieht keine Konsequenzen aus dem Verlustgeschäft, stattdessen träumt er von großen Gewinnen.

Übung 28: 1. wie 2. als 3. als 4. als 5. als 6. wie 7. als 8. als 9. wie 10. als

Übung 29: Wie amerikanische Schlafforscher meinen, ist Müdigkeit am Nachmittag ein Teil unseres ... Bio-Rhythmus. Wenn man Versuche ... durchführt, legen sich, wie die Forscher mitteilen, die Versuchspersonen von sich aus ins Bett. Wie die Schlafexperten beobachteten, schlafen sie mehrere Stunden ... Wie die Forscher meinen, widersprechen die Arbeitszeiten ... dem ... Ruhebedürfnis. Wie die Schlafforscher in Untersuchungen feststellten, fällt die Leistungsfähigkeit am Nachmittag stark ab. Wie die Forscher erwarteten, ist die Zahl der Autounfälle in den Nachmittagsstunden besonders hoch. Aber ein Mittagsschläfchen ... reicht, wie Experten aussagen, nicht aus. Wie Schlafforscher raten, sind 30 Minuten das Minimum.

Übung 30: 1. Je schlechter die Testpersonen in einem Test abschnitten, desto / um so energischer wurde der Test abgelehnt. 2. Je niedriger der eigene Intelligenzquotient ... war, desto / um so begieriger wurde nach noch schlechteren IQ-Ergebnissen gefragt. 3. Je mehr die Testergebnisse das eigene Selbstwertgefühl schmälerten, desto / um so geringer wurden die Eigenschaften anderer Personen bewertet. 4. Je unerfreulicher die Testergebnisse waren, desto / um so häufiger wurde die Schuld ... äußeren Umständen gegeben. 5. Je weniger sich die Testpersonen mit dem Testergebnis identifizieren konnten, desto / um so mehr zweifelten sie an der Aussagekraft von Tests. 6. Je mehr die Testergebnisse den getesteten Personen schmeichelten, desto / um so größer war ihr Vertrauen ... 7. Je erfolgreicher die Testpersonen abschnitten, desto / um so mehr fühlten sie ihre ... Fähigkeiten ... bestätigt.

Übung 31: Je besser Frauen ausgebildet sind, 1. desto eher können sie ihr Leben verändern. 2. desto eher nehmen sie Benachteiligungen nicht mehr als Gegebenheit hin. 3. desto mehr wissen sie über Familienplanung. 4. desto besser können sie zu einer gesünderen Ernährung ... beitragen. 5. desto eher kann die Kindersterblichkeit verringert werden. 6. desto bessere berufliche Chancen haben sie. 7. desto besser werden sie für die Ausbildung ihrer Kinder sorgen. 8. desto eher können sie gegen Analphabetismus kämpfen. 9. desto leichter gelingt es ihnen, sich aus Abhängigkeit ... zu lösen.

Übung 32: 1. Je mehr die Artenvielfalt der einheimischen Vogelwelt zurückgeht, desto ärmer wird unsere Umwelt. 2. Je mehr die Bedürfnisse der Menschen wachsen, desto bedenklichere Ausmaße nimmt das Artensterben an. 3. Je mehr Grünflächen zersiedelt, je mehr Feuchtgebiete trockengelegt, je mehr Flussläufe kanalisiert werden, ein desto kleinerer Lebensraum bleibt den Vögeln. 4. Je mehr Luft und Wasser durch Öl ... verschmutzt werden, desto weniger Nahrung finden die Vögel. 5. Je vogelfeindlicher die moderne Kulturlandschaft ist, desto knapper werden die Brutplätze für Vögel. 6. Je brutaler die Eingriffe des Menschen ... sind, mit desto größerem Engagement setzen sich umweltbewusste Gruppen für den Schutz ... ein. 7. Je mehr sich das Klima verändert, desto schwerwiegendere Auswirkungen ... muss man befürchten. 8. Je wärmer die europäischen Winter werden, desto mehr verändert sich das Zugverhalten der Vögel. 9. Je mehr Zugvögel im Winter in Mitteleuropa bleiben, desto mehr heimische Vogelarten verdrängen sie. 10. Je weniger Vögel es geben wird, einen desto härteren Kampf müssen Bauern ... gegen Schädlinge ... führen.

Übung 33: 1. Je stärker der Einsatz von Chemikalien ist / Je mehr Chemikalien eingesetzt werden, desto / um so mehr gerät die ökologische Ordnung aus dem Gleichgewicht. 2. Je energischer der Protest der Ökologiebewegung war / Je energischer die Ökologiebewegung protestierte, desto / um so weniger Schädlingsbekämpfungsmittel kamen auf den Markt. 3. Je intensiver die Bodennutzung ist / Je intensiver der Boden genutzt wird, desto / um so mehr Wälder werden ... zerstört. 4. Je stärker der Eingriff des Menschen in die Natur ist / Je stärker der Mensch in die Natur eingreift, desto / um so mehr natürliche Lebensräume werden vernichtet. 5. Je nachhaltiger die Zerstörung des natürlichen Gleichgewichts ist / Je nachhaltiger das natürliche Gleichgewicht zerstört wird, desto / um so schneller schreitet der Artentod ... voran. 6. Je rücksichtsloser die Jagd auf bestimmte Tiere ist, desto / um so mehr Tierarten verschwinden von der Erde.

Übung 34: 1. Ein Rechtsfall wird vor einem Zivilgericht oder ... verhandelt, je nachdem was für eine Straftat vorliegt. 2. Angeklagte werden vor einen Einzelrichter oder ... gestellt, je nachdem was für ein Strafmaß zu erwarten ist. 3. 21-Jährige unterliegen dem Jugendstrafrecht oder ..., je nachdem wie ihre Reife durch das Gericht eingeschätzt wird. 4. Richter können Zeugenaussagen verwerten, je nachdem ob sie glaubwürdig sind / wie glaubwürdig sie sind. 5. Gutachter können das Urteil des Gerichts beeinflussen, je nachdem wie überzeugend ihre Argumente sind. 6. Ein Prozess kann der Schwierigkeit des ... entsprechend / gemäß Tage oder Wochen dauern. 7. Gerichtsurteile fallen unterschiedlich aus, je nachdem ob mildernde Umstände berücksichtigt werden. 8. Richter können entsprechend / gemäß ihren Interessen am Jugendgericht ... oder .... tätig sein.

Übung 35: 1. Während sich der fünfjährige Mozart auf seine ersten Konzertreisen vorbereitete, schrieb er schon seine ersten Stücke. 2. Während er im Jahre 1768 seine erste Oper komponierte, schrieb er noch ein Singspiel. 3. Mozarts Musikstil formte sich, während er als Konzertmeister in Salzburg tätig war. 4. Während seine sechs ... Streichquartette entstanden, hatte er viele Konzertverpflichtungen. 5. Während seine Oper „Die Zauberflöte" am ... uraufgeführt wurde, reagierte das Publikum reserviert. 6. Während er sich im Sommer 1791 in Prag aufhielt, verschlechterte sich sein Gesundheitszustand. 7. Während er an seinem „Requiem" arbeitete, starb er im Alter von nur 35 Jahren. 8. Solange Mozart lebte, hat er schöpferisch gearbeitet.

Übung 36: 1. als 2. wenn 3. wenn 4. wenn 5. als 6. als 7. wenn 8. als 9. als 10. wenn

Übung 37: 1. Wenn man in den USA Versuche mit Menschenaffen durchführte, hat man immer wieder Überraschungen erlebt. 2. Als in den vierziger Jahren ein Psychologen-Ehepaar seinen ersten Versuch durchführte, hatte es wenig Glück. 3. Als das Experiment beendet war, konnte der Affe gerade mühsam vier Wörter artikulieren ... 4. Als sich ein anderes Psychologen-Ehepaar ... bemühte, einem Affen die amerikanische Taubstummensprache beizubringen, hatte es mehr Glück. 5. Wenn dieser Affe mit dem Psychologen-Ehepaar „sprach", verwendete er weit über hundert sprachliche Zeichen … 6. Als in den Siebzigerjahren ein anderer Versuch durchgeführt wurde, konnten einer Gorilla-Dame … noch mehr Zeichen beigebracht werden. 7. Wenn Koko sich mit menschlichen Gesprächspartnern „unterhielt", benutzte sie weit über hundert sprachliche Zeichen. 8. Wenn Koko unangenehme Fragen gestellt wurden, konnte sie auch lügen. 9. Wenn Koko wütend war, konnte sie sogar schimpfen.

Übung 38: 1. ausgebaut worden waren 2. benutzen 3. erfahren haben 4. kam 5. angewachsen sind 6. verschuldet hatte 7. gestrichen worden waren

Übung 39: 1. begonnen haben 2. gegründet hatte 3. geworden ist 4. gilt 5. durchgesetzt haben 6. aufgehoben wurde 7. aufgelöst hat 8. zurückgeht – wird 9. wurden / sind 10. beteiligen 11. verändert hat 12. aufgehoben worden sind 13. besetzen

Übung 40: 1. Bis das Wahlrecht für Frauen im Jahre 1918 eingeführt wurde, hatten die Frauen … zwar Pflichten, aber keine Rechte. 2. Bis das Vereinsrecht zu Beginn des 20. Jahrhunderts nicht gelockert wurde, war Frauen die Mitgliedschaft … nicht erlaubt. 3. Bis Frauen sich gegen ihre Rechtlosigkeit auflehnten, hatten sie ihre Benachteiligung … hingenommen. 4. Bis sich die traditionelle Familienstruktur nicht veränderte, war an Gleichberechtigung nicht zu denken. 5. Bis sich die Institution Großfamilie auflöste, gab es eine … Arbeitsteilung. 6. Bis die traditionelle Rollenverteilung aufgehoben wurde, waren Frauen für die … Hausarbeit zuständig. 7. Bis die neue Frauenbewegung in den 60er Jahren … begann, hatten Frauen kaum … Programme. 8. Bis die in der Verfassung der Bundesrepublik festgelegte Gleichberechtigung umgesetzt wurde, vergingen … Jahre.

Übung 41: 1. Bevor das Druckverfahren entwickelt wurde, wurden Bücher vervielfältigt, indem man … (waren … vervielfältigt worden). 2. Bevor die Chinesen das Papier … erfunden hatten, wurde auf Papyrusrollen … geschrieben (war … geschrieben worden). 3. Bevor … die flache … Buchform aufkam, hatten die Ägypter nur Bücher in Form von Rollen. 4. Bevor Pappe als Bucheinband verwendet wurde, wurden Bücher in Metall … gebunden (waren … gebunden worden). 5. Bevor Bücher in hohen Auflagen hergestellt wurden, kannte man sie nur als … Einzelexemplare. 6. Bevor die Papier- und Buchherstellung mechanisiert wurde, waren Bücher eine … Kostbarkeit. 7. Bevor die allgemeine Schulpflicht eingeführt wurde, konnten nur relativ wenig Menschen lesen und schreiben. 8. Bevor Gutenberg den Buchdruck erfunden hatte, wurde in Asien … mit eingefärbten Stempeln gedruckt. 9. Bevor das erste Buch gedruckt wurde, hatte Gutenberg sich mit dem Problem des Buchdrucks beschäftigt.

Übung 42: Vor der Geburt Jean-Francois Champollions war seinen Eltern ein Wunderknabe prophezeit worden. Seine Begabung zeigte sich schon, als er noch ein Kind war. Er konnte einen Text wörtlich wiederholen, nachdem er ihn nur einmal gehört hatte. Noch bevor / ehe er in die Schule eintrat, fand er ganz allein die Bedeutung der Silben und Buchstaben heraus (hatte … herausgefunden). Während seiner Schulzeit in Grenoble interessierte er sich für Hieroglyphen. Mit 16 Jahren wurde er Mitglied der Akademie in Grenoble. Bevor / Ehe er nach Paris abreiste, wo er studieren wollte, hielt er in der Akademie eine Abschiedsrede … Er kehrte mit 19 Jahren als Professor nach Grenoble zurück. Während er als Professor lehrte, schrieb er politische Lieder gegen die … Bourbonen. Nach ihrer Rückkehr auf den Königsthron wurde er nach Italien verbannt. Während seiner Verbannung konnte sich Champollion mit dem Problem der Hieroglyphen beschäftigen. Nachdem er begnadigt worden war, kehrte er 1821 nach Paris zurück. Bis er die in Hieroglyphen überlieferten Namen … entzifferte (entziffert hatte), verging dann noch ein weiteres Jahr. Zwei Jahre, nachdem er diese Namen entschlüsselt hatte, veröffentlichte Champollion sein Buch … Die Kenntnis der koptischen Sprache war ihm, als er die Hieroglyphen erforschte, von Nutzen. Während seiner Beschäftigung mit der alten Hieroglyphensprache gelang es ihm auch, in ihre grammatischen Strukturen vorzudringen. Nach seinen Aufsehen erregenden Erfolgen reiste er … in das Land der Pharaonen. Er hielt sich ein

Jahr in Ägypten auf, danach wurde er Professor ... in Paris (nachdem er sich ... aufgehalten hatte). Bis zu seinem Tod verging nur noch ein Jahr. Solange er lebte, hat er sich mit dem ägyptischen Altertum beschäftigt.

Übung 44: seit – als – als – bevor / ehe – damit – während – nachdem – obwohl

Übung 45: wenn – weil / da – so dass – weil / da – so dass – wenn – dadurch ... dass – weil / da – so dass – damit / so dass – damit – um

Übung 46: 1. Bei den sogenannten Zeitpionieren liegt die Betonung auf Freizeit; deshalb entscheiden sie sich für Teilzeitarbeit. Da bei den ... Zeitpionieren die Betonung auf Freizeit liegt, entscheiden sie sich ... 2. Arbeitnehmer verändern ihre Lebensweise um mehr Zeit für sich zu haben. 3. Zeitpioniere lehnen Vollzeitarbeit ab; darum / deshalb verkürzen sie ihre Arbeitszeit. Da / Weil Zeitpioniere die Vollzeitarbeit ablehnen, verkürzen sie ... 4. Sie arbeiten nur 20 bis 25 Wochenstunden, so dass sie ein geringeres Einkommen haben / infolgedessen haben sie ein ... 5. Zeitpioniere haben weniger Geld zur Verfügung, so dass sie sich keinen Luxus leisten können / deshalb können sie sich keinen Luxus leisten. Da / Weil Zeitpioniere weniger Geld zur Verfügung haben, können sie sich keinen Luxus leisten. 6. Sie erreichen zwar keinen materiellen Wohlstand, aber sie erreichen „Zeitwohlstand". Obwohl / Obgleich sie keinen materiellen Wohlstand erreichen, erreichen sie ... 7. Sie arbeiten weniger, deshalb arbeiten sie intensiver. Weil sie weniger arbeiten, arbeiten sie ... 8. Obwohl / Obgleich die Arbeitszeit kürzer ist, kann die Arbeitsleistung gesteigert ... werden. Die Arbeitszeit ist kürzer; trotzdem / dennoch kann die Arbeitsleistung gesteigert ... werden. 9. Die Zeitpioniere bereuen ihre Entscheidung für Teilzeitarbeit nicht, obwohl sich der Druck am Arbeitsplatz erhöht. 10. Die Zeitpioniere verkraften den größeren Stress am Arbeitsplatz besser als vorher, denn sie haben mehr Distanz ... / weil sie mehr Distanz ... haben. 11. Ihnen ist eine flexible ... Arbeitszeit wichtig, so dass sie Nachteile hinnehmen / deshalb / infolgedessen nehmen sie Nachteile hin. Da / Weil ihnen eine flexible Arbeitszeit wichtig ist, nehmen sie ... 12. Am Ar-beitsplatz können Konflikte entstehen, so dass viele Vorgesetzte nicht bereit sind, die Arbeitsweise ... zu akzeptieren / deshalb sind viele Vorgesetzte nicht bereit, ... Da / Weil am Arbeitsplatz Konflikte entstehen können, sind viele Vorgesetzte nicht bereit ... 13. Viele Vorgesetzte wollen keine Zeitpioniere als Mitarbeiter haben, weil diese schwerer kontrollierbar sind / denn diese sind schwerer kontrollierbar. 14. Die Zeitpioniere nutzen die gewonnene Zeit, um ihren Interessen nachzugehen / indem sie ihren Interessen nachgehen. 15. Sie verbringen ihre Freizeit sinnvoll, indem sie z.B. ihre sozialen Kontakte ausweiten. 16. Sie sind zufriedener ... als früher, weil sie Privat- und Berufsleben besser vereinbaren können / denn sie können ... besser vereinbaren. 17. Vollzeitkollegen reagieren manchmal mit Neid, weil sie weniger Freizeit haben / denn sie haben ... 18. Es wird noch einige Zeit vergehen, bis mehr Untersuchungen über die Zeitpioniere vorliegen.

Übung 47: Ungeachtet der Tatsache, dass / Obwohl / Obgleich der Schwertwal harmlos ist, galt er lange Zeit als Raubtier und wurde ... Haien gleichgesetzt. Heute sind die sogenannten Killerwale rehabilitiert, weil ihr Verhalten intensiv erforscht wurde / worden ist. Da / Weil Schwertwale sehr beliebt sind, legen die Zoodirektoren ... besonderen Wert darauf, sie in ihren Zoos präsentieren zu können. Wenn dressierte Schwertwale den Befehl erhalten, vollführen sie in den Zoos die höchsten Sprünge. Wenn sie ins Wasser zurückplatschen, spritzen sie die Zuschauer nass. Nachdem Wissenschaftler diese Tiere jahrelang beobachtet hatten, ist es ihnen gelungen, die Walsprache teilweise zu entschlüsseln. Junge Schwertwale benötigen etwa fünf Jahre, bis sie ihre Sprache ungefähr beherrschen. Um sich innerhalb der eigenen Gruppe verständigen zu können / Damit sie sich ... verständigen können, benutzen Schwertwale eine Art „Dialekt". Wenn / Falls / Für den Fall, dass sie sich in Gefahr befinden, können sie sich mit Schwertwalen anderer Gruppen verständigen, indem / dadurch, dass sie eine gemeinsame „Hochsprache" verwenden. Da / Weil Dressuren in Zoos ... erfolgreich sind, wird häufig vergessen, dass Schwertwale in Gefangenschaft ... oft nach wenigen Jahren sterben. (...) Da / Weil ihre Produkte industriell nutzbar sind / genutzt werden können, werden Wale jedoch von modernen Fangflotten gejagt … Das geschieht auch weiterhin, obwohl / obgleich / ungeachtet der Tatsache, dass Tierschützer aus aller Welt protestieren.

Übung 48: Jeder Mensch verspürt Angst, wenn er sich in Gefahr befindet. Angst entsteht dadurch, dass man das Gefühl hat, einer bestimmten Situation nicht gewachsen zu sein. Manche Menschen leiden allerdings auch unter Angstgefühlen, ohne dass ein großes Risiko / wenn kein großes Risiko besteht. (…) (Immer) wenn die Angst ansteigt, nehmen Wachheit und Sorgfalt zu. Diese brauchen wir, um eine reale Gefahr abzuwehren. Manche Gefahren könnten wir nicht abwenden, wenn wir nicht alle unsere Kräfte mobilisieren würden. Indem / Dadurch, dass wir uns auf die Gefahr konzentrieren, können wir uns in gefährlichen Situationen richtig verhalten … Auch wenn wir Aufgaben z.B. in Prüfungen lösen, spielt Angst eine Rolle. Wenn / Falls die Aufgaben leicht und übersichtlich sind, wird die Leistung durch Angst gesteigert, während sie bei schwierigen Aufgaben dadurch beeinträchtigt wird, dass die Angst zu groß ist. (…) Viele Naturphänomene sind erklärbar, so dass der Mensch die Angst z. B. vor Donner … verloren hat. Andererseits leidet der moderne Mensch, weil die Folgen von Wissenschaft und Technik unübersehbar sind, unter anderen … Ängsten. Seitdem z.B. Atomspaltung und Genmanipulation möglich sind, ist der technische Fortschritt selbst eine Ursache von Angst. Ängste entstehen aber auch, wenn am Sinn des menschlichen Lebens gezweifelt wird. Jeder Mensch muss gegen zu große Ängste angehen, denn niemand kann leben, ohne seine Ängste wenigstens teilweise zu überwinden.

Übung 49: Heute verlaufen viele chirurgische Eingriffe unblutiger, weil die Instrumente präziser sind / denn die Instrumente sind präziser. Früher ließ sich der Krankheitsherd nicht genau lokalisieren, weil geeignete diagnostische Möglichkeiten fehlten / denn es fehlten … Daher musste man, wenn man operierte, größere Schnitte als heute machen, d. h., heute kommt man mit kleineren Schnitten aus, denn Krankheiten lassen sich genauer diagnostizieren.

Aber auch schon kleinere Öffnungen … vergrößern das Risiko postoperativer Verwachsungen, weil die Bauchhöhle beim Operieren verletzt werden kann / denn die Bauchhöhle kann … verletzt werden. Bislang wandte man die endoskopische Chirurgie vorwiegend bei kleineren Operationen an, also beispielsweise, wenn Blinddärme entfernt wurden. Heute werden aber auch schwierigere Operationen durchgeführt, indem man endoskopische Instrumente verwendet. Bei endoskopischen Operationen der Bauchhöhle z. B. wird die Bauchwand meist … durchbohrt. Zur Durchführung solcher Eingriffe wurden spezielle Instrumente entwickelt. Sie müssen zierlich beschaffen sein, damit sie durch das schmale Operationsrohr eingeführt werden können / um … eingeführt werden zu können. Zur Ausführung von Schlingen … benötigt man kleine Scheren … Die Strapazen bei endoskopischen Operationen sind gering, so dass die Patienten rascher … entlassen werden können / deshalb können die Patienten rascher entlassen werden. Durch kürzere Krankenhausaufenthalte sparen die Krankenkassen … Geld. Trotz / Ungeachtet der vielen Vorteile endoskopischer Eingriffe wenden viele Ärzte die Technik … nicht an.

Übung 50: 1. Bevor / Ehe die Industrialisierung begann, beherrschte das wohlhabende Bürgertum die Städte (hatte … beherrscht). 2. Mit dem Einsetzen der Industrialisierung verloren die Stadtzentren ihre Anziehungskraft … 3. Aufgrund / Infolge / Wegen der grundlegenden Veränderung der Städte … verlagerte sich das private Leben in die Vorstädte. 4. Nach der Verwandlung der Innenstädte in … kommerziell genutzte Zentren war das Leben in der Stadt … nicht mehr attraktiv. 5. Geschäfte und Banken bevorzugten die Stadtmitte als Standort, weil alle Stadtteile auf das Zentrum ausgerichtet waren / denn alle Stadtteile waren auf … ausgerichtet. 6. Am Rand des Stadtkerns wurden Fabriken und Bahnhöfe gebaut, so dass die Bevölkerung aus den Städten verdrängt wurde / infolgedessen / deshalb wurde die Bevölkerung … verdrängt. 7. Als die Städte wuchsen, wuchsen auch die Vororte. 8. Auf Grund / Infolge / Mit der Zunahme von Lärm und Schmutz / Mit zunehmendem Lärm und Schmutz floh das Bürgertum aus den Innenstädten. 9. Als das

Einkommen in den 50er Jahren dieses Jahrhunderts stieg und der Wohlstand wuchs, konnten sich immer mehr Menschen ein Eigenheim … leisten. 10. Auf Grund / Infolge der anhaltenden Motorisierung hörte der Strom der Abwanderer nicht auf. 11. Weil so viele Menschen aus den Städten abwanderten, hatte man Angst vor einem … Verfall der Stadtzentren. 12. Die Abwanderung … wäre problematisch geworden, wenn nicht schon im 19. Jahrhundert ländliche Bevölkerung zugezogen wäre. 13. Dieser Zustrom … nahm aber allmählich ab, vor allem mit dem Nachlassen des Bevölkerungswachstums seit Mitte der 70er Jahre dieses Jahrhunderts. 14. Doch durch die / mit der Anwerbung von Gastarbeitern seit den 60er Jahren nahm die Bevölkerung … wieder zu. 15. Als / Weil / Dadurch, dass / Indem die Freizeit zunahm, gewannen die Innenstädte … an Bedeutung. 16. Vor allem junge Menschen bevorzugen das Leben in den Innenstädten, weil Lokale, Kinos, Freunde usw. in der Nähe sind. 17. Trotz / Ungeachtet der starken Beeinträchtigung des Lebens durch den Verkehr sind die Innenstädte … wieder beliebt. 18. Zur Belebung der Innenstädte wurden Fußgängerzonen angelegt. 19. Die Innenstädte wurden gezielt gefördert; sonst / andernfalls wären die Stadtzentren mit der Zeit verfallen. Wenn die Innenstädte nicht gezielt gefördert worden wären, wären die Stadtzentren … verfallen. 20. Seit der Wiederbelebung der Innenstädte regt sich neues Leben in den alten Stadtvierteln.

§ 14

Übung 1: 1. Gibt es einen Schriftsteller, a) über den Sie sich schon oft geärgert haben? b) dem Sie mehr Publikumsresonanz wünschen? c) mit dem Sie sich intensiv auseinander gesetzt haben? d) den Sie ablehnen? e) dem Sie schon mal persönlich begegnet sind? f) den Sie allen anderen Schriftstellern vorziehen? 2. Gibt es eine Schriftstellerin, a) der Sie viele Leser wünschen? b) die Sie nicht ganz verstehen? c) für die Sie schwärmen? d) von der Sie viel gelesen haben? e) die Sie besonders interessant finden? f) der Sie den Nobelpreis geben würden? 3. Gibt es ein Buch, a) das Sie zur Lektüre besonders empfehlen können? b) von dem Sie nichts halten? c) an das Sie sich gut erinnern? d) von dem Sie beeindruckt sind? e) dem Sie wichtige Einsichten zu verdanken haben? f) das Sie besonders schätzen? 4. Haben Sie in Büchern schon mal Ideen gefunden, a) denen Sie sofort zugestimmt haben? b) von denen Sie sich sofort distanziert haben? c) denen Sie widersprechen mussten? d) über die Sie lächeln mussten? e) die bei Ihnen ein Aha-Erlebnis ausgelöst haben? f) denen Sie nichts abgewinnen konnten? 5. Gibt es einen Autor, a) vor dessen schriftstellerischem Können Sie Respekt haben? b) dessen Dichterlesungen Sie gern besuchen? c) dessen großartigem Werk Sie internationale Verbreitung wünschen? d) dessen erfrischendem Humor Sie sich nicht entziehen können? e) dessen großer Bekanntheitsgrad Sie nicht überrascht? f) über dessen Werk Sie mit anderen viel diskutiert haben? 6. Gibt es eine Autorin, a) deren angekündigter Veröffentlichung Sie mit Neugier entgegensehen? b) an deren Talent Sie glauben? c) an deren Büchern Sie hängen? d) deren witzigen Thesen Sie zustimmen? e) mit deren Büchern Sie sich lange befasst haben? f) deren bewundernswertem Verhalten Sie nacheifern wollten? 7. Gibt es Bücher, a) von deren Ideen Sie beeinflusst sind? b) deren Lektüre Sie immer wieder begeistert? c) deren kunstvollen Aufbau Sie bewundern? d) von deren eigenartiger Sprache Sie fasziniert sind? e) deren Lektüre Sie empfehlen können? f) deren schwierigen Gedankengängen Sie kaum folgen konnten?

Übung 2: 1. Kennen Sie ..., dem das Leben eine große Last war? 2. ..., dessen Sprache an Sprachmagie grenzt? 3. ..., dessen Bruder Heinrich ebenfalls ein großer Schriftsteller war? 4. ..., den die soziale Wirklichkeit seiner Zeit interessierte? 5. ..., die der Nachwelt schöne Naturgedichte hinterließ? 6. ..., dessen bekannteste Gedichte heute als Volkslieder gesungen werden? 7. ..., den die Wiener Gesellschaft der Jahrhundertwende faszinierte? 8. ..., aus dessen Dramen heute in Deutschland am häufigsten zitiert wird? 9. ..., den die Nationalsozialisten ins Exil und in den Selbstmord trieben? 10. ..., dem im Exil die besten Dramen gelangen? 11. ..., in dessen literarischem Werk die Grenzen zwischen Phantasie und Realität verschwimmen? 12. ..., von deren wunderschönen Gedichten die Leser verzaubert werden? 13. ..., dessen Kindheitserlebnisse sehr stark in sein literarisches Werk einfließen? 14. ..., dessen Humor und (dessen) groteske Phantasie ihn zu einem der größten deutschsprachigen Dichter machen? 15. ..., von dessen Jugendroman ... Napoleon begeistert war?

Übung 3: 1. Die Frankfurter Buchmesse, die jedes Jahr im Herbst stattfindet, ist eine der größten Buchmessen der Welt. 2. Die Frankfurter Buchmesse, zu der Verleger und Autoren aus aller Welt kommen, ist ein großes Erlebnis ... 3. Die Frankfurter Buchmesse, auf deren lange Tradition die Frankfurter sehr stolz sind, ist aus dem Frankfurter Kulturleben ... 4. Verleger und Autoren, für die die Frankfurter Buchmesse der Höhepunkt des Jahres ist, hoffen auf ... 5. Jedes Jahr steht ein bestimmtes Land, auf dessen Buchproduktion aufmerksam gemacht werden soll, im Mittelpunkt der Frankfurter Buchmesse. 6. Mit dem Friedenspreis ..., dessen Verleihung jedes Jahr der Höhepunkt der Frankfurter Buchmesse ist, werden Persönlichkeiten ausgezeichnet, die sich um den Frieden verdient gemacht haben. 7. Neben der Frankfurter gibt es die Leipziger Buchmesse, die im Frühjahr stattfindet und (die) als Fachmesse ... gilt.

Übung 4: 1. wer ... (der) 2. wem ... der 3. wen ... dem 4. wen ... der 5. wen ... dem 6. wem ... den 7. wem ... der 8. wer ... dem 9. wen ... der 10. wen ... der 11. für wen ... für den 12. wer ... (der)

Übung 5: 1. Wer schlecht organisiert ist, (der) hat für nichts Zeit. 2. Wer keine Kompromisse eingeht, (der) setzt Freundschaften aufs Spiel. 3. Wem es nicht gelingt, ..., der ist wirklich zu bedauern. 4. Wer Freunde gewinnen will, (der) muss sich um andere Menschen bemühen. 5. Wer als Kind kontaktarm war, dem gelingt es später nur schwer, ... 6. Wer anderen gerne hilft, dem wird auch geholfen. 7. Wem jede Hilfeleistung zu viel ist, der braucht sich über fehlende Unterstützung ... nicht zu wundern. 8. Wem das kleinste Geschenk zu teuer ist, der ist ein Geizhals. 9. Wer anderen nichts gönnt, (der) ist ganz einfach ein Egoist. 10. Wer in Not gerät, (der) merkt schnell, ob er echte Freunde hat.

Übung 6: 1. In dem Sachbuch steht manches, a) was die Leser brennend interessiert. b) worüber in der Öffentlichkeit heftig diskutiert wird. c) über dessen Hintergründe bisher Unklarheit bestand. d) dem man zustimmen muss. e) neben dem andere Argumente verblassen. f) wofür sich einige Bürgerinitiativen schon lange einsetzen. g) was unbedingt bald in die Tat umgesetzt werden sollte. h) worauf die Politiker reagieren müssen. 2. a) ..., was Schriftstellern passieren kann. b) ..., was Autoren brauchen. c) ..., dem sich Schriftsteller stellen müssen. d) ..., wovon Schriftsteller träumen. e) ..., was man von einem Autor verlangen kann. f) ..., wozu man Schriftsteller beglückwünschen kann. g) ..., was Kritiker tun können.

Übung 7: 1. womit / mit dem 2. dessen 3. was 4. dessen 5. was 6. dessen 7. dem 8. wozu / zu dem 9. was 10. dem 11. worüber 12. was

Übung 8: 1. Ein Kritiker hat ein gerade erschienenes Sachbuch sehr positiv besprochen, worüber sich der Autor natürlich gefreut hat. 2. Auch in Fachkreisen ..., womit der Autor nicht unbedingt gerechnet hatte. 3. Besonders hervorgehoben ..., was berechtigt ist. 4. Der Autor hat ..., was bei dem komplexen Thema niemanden wundert. 5. Das Buch ..., wodurch der Verlag aus den roten Zahlen kam. 6. Das Autorenhonorar ..., wogegen der Autor nichts einzuwenden hatte. 7. Dem Autor ..., was durchaus eintreffen könnte. 8. Der Autor ..., wobei er die volle Unterstützung seines Verlages hat.

Übung 9: wo – woher / aus dem – woher / von wo – wohin / in die – wo – wohin – wo / in der – wo – wo / in der – wo / auf dem – woher / aus dem – wohin – wo – von wo aus / von dem – wo / in dem – wo / an dem – von wo aus / von denen aus

Übung 10: wo – deren – wo – wer – (der) – die – was – die – wo – deren – deren – was – wer – dem – die – wer – (der) – was – wofür / für den – worüber – die – was – wo

Übung 11: 1. Wer an Entdeckungsreisen denkt, dem fällt ... ein. / Jemandem, der an Entdeckungsreisen denkt, fällt sofort Christoph Kolumbus ein. 2. Christoph Kolumbus, dessen Familie aus Genua stammt, wurde 1451 geboren. 3. Christoph Kolumbus, dem die Überquerung des Atlantiks gelang, ist einer der bekanntesten Seefahrer. 4. Christoph Kolumbus, der eigentlich einen Seeweg nach Indien suchte, entdeckte Amerika. 5. Ostasien, wohin Kolumbus fahren wollte, war für die Europäer ... interessant. 6. Die Wikinger hatten, was man aber damals nicht wusste, vermutlich schon vor Kolumbus Amerika entdeckt. 7. Kolumbus beabsichtigte in westlicher Richtung ... zu fahren, wofür er zunächst keine Geldgeber fand. 8. Kolumbus, der damals in Spanien wohnte, wandte sich an das spanische Königshaus. 9. Im Jahre 1492 unterzeichnete Kolumbus den Vertrag über die Expedition ..., zu der er die spanischen Könige überredet hatte. 10. Im selben Jahr startete er seine Expedition, für die er ... drei Schiffe erhielt. 11. Kolumbus, dem laut Vertrag ein Zehntel ... gehören sollte, hatte auch ein finanzielles Interesse an ... der Expedition. 12. Wer Schiffe ... sieht, dem erscheinen sie ... klein. / Jemandem, der Schiffe aus der damaligen Zeit sieht, erscheinen sie unglaublich klein. 13. Jedes zehnte Schiff erlitt Schiffbruch, was die Schifffahrt gefährlich machte. 14. Auf seiner ersten Fahrt entdeckte Kolumbus nicht Amerika, sondern die Inseln ..., wo / auf denen er spanische Kolonien gründete. 15. Kolumbus, dessen dritte Expedition ihn an die Küste Südamerikas führte, glaubte ... Indien gefunden zu haben. 16. Von seiner vierten Fahrt kehrte er krank nach Spanien zurück, wo er vergessen starb. 17. Kolumbus hat einen neuen Kontinent ... entdeckt, mit dessen Existenz er nicht gerechnet hatte. 18. Um Kolumbus entstanden bald Geschichten ..., in denen er idealisiert wurde. 19. Im Jahre 1992 wollten die Europäer die Entdeckung Amerikas feiern, was besonders in Südamerika zu Protesten führte. 20. Über die Entdeckungen der Europäer sind ... viele Bücher erschienen, in denen die Geschichte ... kritisch beurteilt wird.

§ 15

Übung 1: 2. Der Wagen rollt in den Neckar. 3. Der Fährmann eilt zu Hilfe. 4. Der Fluss führt Hochwasser. 5. Das Auto versank im Neckar. 6. Der Fährmann wurde von dem Auto in den Neckar gerissen. 7. Der Wagen wurde einige Stunden später vom Rettungsdienst geborgen. 8. Der Junge ist seitdem verschwunden.

Übung 2: 1. das voll getankte Auto 2. das stehende Auto 3. der laufende Motor 4. das eingeschaltete Nebellicht 5. die gut ausgebaute Straße 6. das sich überschlagende Auto 7. die nicht eingehaltene Geschwindigkeitsbegrenzung 8. der beschädigte Motor 9. die eingedrückte Autotür 10. der schimpfende Autofahrer 11. der festgestellte Sachschaden 12. der entzogene Führerschein 13. der sich verfahrende Anfänger 14. der hupende Autofahrer 15. das verbrauchte Benzin 16. die veränderte Straßenführung 17. der langsam fahrende Autofahrer 18. der sich umschauende Beifahrer

Übung 3: 1. das lackierte Auto – der lackierende Kfz-Mechaniker 2. der pfeifende Lehrling – das gepfiffene Lied 3. der beleidigte Lehrling – die beleidigenden Worte 4. die ablenkenden Geräusche – der abgelenkte Lehrling 5. der gut beratende Verkäufer – der gut beratene Kunde 6. die scharf kalkulierten Preise – der scharf kalkulierende Chef 7. die bar bezahlte Rechnung – der bar bezahlende Kunde 8. der überholende Sportwagen – der überholte Radfahrer 9. das getankte Benzin – der tankende Autofahrer 10. die blendende Sonne – der geblendete Motorradfahrer

Übung 4: 3. die sehr genau beobachtete Lehrerin 5. eine aus dem Schuldienst ausgeschiedene Kollegin 8. die zu schnell vergangenen Ferien 9. der pünktlich begonnene Unterricht 10. ein nicht rechtzeitig aus den Ferien zurückgekehrter Schüler

Übung 5: 1. Der Pilot, der auf der Autobahn gelandet ist, hatte mit den … Motoren … Probleme. 2. Der Pilot, der einen Stau verursacht hat, konnte … nirgendwo anders landen. 3. Dem Piloten, der seit acht Jahren fliegt, ist noch nie etwas Ähnliches passiert. 4. Im Polizeirevier stellt der Polizist, der den Vorfall protokolliert, dem Piloten viele Fragen. 5. Der Pilot, der sich zum Hergang der Notlandung äußert, steht unter leichtem Schock. 6. Die Polizisten machen dem Piloten, der in der Notsituation schnell … reagiert hat, keine Vorwürfe. 7. Der Pilot, der den Polizisten … berichtet, ist bisher unfallfrei geflogen. 8. Der Pilot, der einer … Anzeige ruhig entgegensieht, ist froh über den guten Ausgang der Notlandung.

Übung 6: 1. Der Bücherbestand …, der laufend auf den aktuellen Stand gebracht wird, kommt allen Benutzern zugute. 2. Die Geldmittel, die dafür ausgegeben werden, gehen in die Millionen. 3. Die Gelder, die im letzten Haushaltsplan für … bewilligt wurden / worden sind, reichen … nicht aus. 4. Die Bücher und Zeitschriften, die in den letzten Jahren mit Hilfe von … angeschafft wurden / worden waren, haben den Bestand sinnvoll ergänzt. 5. Die Neuerwerbungen, die den Benutzern … präsentiert wurden / worden sind, stehen bereits in den Regalen. 6. Bücher, die besonders viel benutzt werden, sind im Lesesaal in mehreren Exemplaren vorhanden. 7. Bücher, die der Präsensbibliothek entnommen worden sind / entnommen werden, dürfen nicht mit nach Hause genommen werden. 8. Die Plätze des Lesesaals, die von allen Benutzern bevorzugt werden, sind die Fensterplätze.

Übung 7: 1. Die Universitätsbibliothek, die finanziell nicht besonders gut ausgestattet ist, will mit einer Ausstellung … 2. Die alten Handschriften, die in ihren Räumen ausgestellt sind, interessieren … 3. Handschriften, die farbig ausgemalt sind, haben schon immer … 4. Die mittelalterlichen Handschriften liegen in Vitrinen aus Glas, das mehrfach gesichert ist. 5. Zu der Ausstellung, die auch an den Wochenenden geöffnet ist, sind sogar schon … angereist. 6. Gruppen, die angemeldet sind, werden sofort eingelassen.

Übung 8: 1. Das Sportinstitut, das im letzten Jahr vergrößert wurde / worden ist, liegt … 2. Der Bauplan, der von einem … Architekten entworfen worden war, fand … Zustimmung. 3. Mit dem Anbau, der zu Beginn des Wintersemesters in Betrieb genommen wurde / worden ist, sind alle zufrieden. 4. Der Raum, der intensiv genutzt wird, ist mit … ausgestattet. 5. Die Vergrößerung der Turnhalle, die im letzten Jahr zurückgestellt worden ist, wird jetzt realisiert. 6. Die Störungen des Lehrbetriebs, die mit den Baumaßnahmen verbunden sind, sind lästig. 7. Der Institutsdirektor, der von Kollegen … ständig bedrängt wird, versucht die Baumaßnahmen … 8. Die Bauarbeiter, die immer wieder zu Überstunden aufgefordert werden, tun ihr Bestes.

Übung 9: 1. Der Direktor, der sich zur Vergrößerung der Bibliothek entschlossen hat, wirbt um Gelder. Der Direktor, der zur Vergrößerung … entschlossen ist, wirbt … 2. Der Direktor, der sich für alte Bücher interessiert / der an alten Büchern interessiert ist, möchte … 3. Der Direktor, der sich auf mittelalterliche Handschriften spezialisiert hat / der auf … Handschriften spezialisiert ist, ist … Experte. 4. Der Bibliotheksdirektor, der sich für seinen Beruf begeistert / der von seinem Beruf begeistert ist, ist … angesehen. 5. Der Direktor, der sich um ein gutes Betriebsklima bemüht / der um ein gutes Betriebsklima bemüht ist, begeistert … 6. Die Mitarbeiter, die sich sehr engagieren / die sehr engagiert sind, unterstützen … 7. Die Mitarbeiter, die sich an Überstunden gewöhnt haben / die an Überstunden gewöhnt sind, arbeiten … 8. Die Mitarbeiter raten ihrem Chef, der sich völlig überarbeitet hat / der völlig überarbeitet ist, zu … Urlaub.

Übung 10: 1. …, die … gern gelesen werden. 2. …, die illustriert sind. 3. …, die die Phantasie anregen. 4. …, die wenig verkauft werden. 5. …, die … bereits mehrfach aufgelegt wurden / worden sind. 6. …, die schon in mehreren Auflagen erschienen sind. 7. …, die sich zum Verschenken besonders eignen / die … besonders geeignet sind. 8. …, die oft zitiert werden. 9. …, die über Neuerscheinungen informiert sind. 10. …, die spannend geschrieben sind. 11. …, die verloren gegangen sind. 12. …, die in ein bestimmtes Sachgebiet einführen. 13. …, die sich für Sachbücher interessieren / die an Sachbüchern interessiert sind. 14. …, die kontrovers diskutiert werden / über die kontrovers diskutiert wird.

Übung 11: 1. …, das die Umwelt schont. 2. …, der mit der Hand / von Hand geknüpft ist. 3. …, das an Leistung orientiert ist / das sich an Leistung orientiert. 4. …, das das Herz erfrischt. 5. …, das die Nerven beruhigt. 6. …, die in die Irre führen. 7. …, die von Hass erfüllt sind. 8. …, die die Jugend gefährden. 9. …, der vor Freude strahlt. 12. …, der den Schlaf stört.

Übung 12: 1. der Stoff, der unbedingt nachzuholen ist / der unbedingt nachgeholt werden muss 2. ein Sachgebiet, das nur schwer zu verstehen / verständlich ist / verstanden werden kann 3. Fehler, die möglichst zu vermeiden sind / die möglichst vermieden werden sollen 4. die Studieneinführung, die nicht zu versäumen ist / die nicht versäumt werden darf 5. Bücher, die … problemlos zu lesen sind / gelesen werden können 6. Aufgaben, die … leicht zu bewältigen sind / bewältigt werden können 7. der Stoff, der … unbedingt zu lernen ist / gelernt werden muss 8. Prüfungsängste, die nur schwer zu ertragen sind / ertragen werden können / sich ertragen lassen / erträglich sind 9. die Vorlesung, die von allen leicht verstanden werden kann / die für alle leicht zu verstehen ist / verständlich ist 10. das Wörterbuch, das … unter keinen Umständen zu benutzen ist / benutzt werden darf

Übung 13: 1. ein Ziel das nicht zu erreichen ist / nicht erreicht werden kann; ein nicht zu erreichendes Ziel 2. Ärger, der nicht zu ermessen ist / nicht ermessen werden kann / sich nicht ermessen lässt; ein nicht zu ermessender Ärger 3. ein Charakter, der schwer zu beeinflussen / beeinflussbar ist / beeinflusst werden kann; ein schwer zu beeinflussender Charakter 4. ein Konflikt, der sich nicht vermeiden lässt; ein nicht zu vermeidender Konflikt 5. Erinnerungen, die unauslöschlich sind; nicht auszulöschende Erinnerungen 6. eine Abneigung, die sich nicht überwinden lässt / nicht überwunden werden kann; eine nicht zu überwindende Abneigung 7. ein Verhalten, das nicht entschuldigt werden kann; ein nicht zu entschuldigendes Verhalten 8. Freunde, die nicht ersetzt werden können; nicht zu ersetzende Freunde 9. ein Leichtsinn, der nicht verantwortet werden kann; ein nicht zu verantwortender Leichtsinn 10. eine Aufregung, die verständlich ist

Übung 14: 1. Nomaden sind sich auf steter Wanderschaft befindende Hirten. 2. Die ihren Standort periodisch wechselnden Nomadenstämme können keinem Land zugeordnet werden. 3. Nomaden sind in großer Genügsamkeit lebende Menschen. 4. Die bei den sesshaften Völkern oft nicht gern gesehenen Nomaden haben ihre eigenen Gesetze. 5. Nomaden sind vom Aussterben bedrohte Völker. 6. Nomadismus ist eine durch staatliche Kontrolle heute immer mehr eingeschränkte Lebensform. 7. Die von anderen Kulturen bedrängten Nomaden verlieren allmählich ihre kulturelle Identität. 8. Zu den Nomaden zählen auch die früher an gänzliche Genügsamkeit gewöhnten Eskimos. 9. Inzwischen haben die Eskimos ihre einst voll an die arktischen Polargebiete angepasste Lebensweise aufgegeben. 10. Bei den Eskimos treten heute durch den Einfluss der westlichen Zivilisation bedingte Probleme auf.

Übung 15: 1. Das von Vester entwickelte Verkehrskonzept plädiert für andere Autos … 2. Die von einem deutschen Automobilhersteller in Auftrag gegebene Studie Vesters über den Verkehr der Zukunft beschäftigt sich … 3. Die vom Auftraggeber zwei Jahre lang geheimgehaltene Studie erregte … großes Aufsehen. 4. An der von Vester 1991 als Buch herausgegebenen Studie haben die Automanager keine Freude. 5. In seinem Buch stellt der von vielen für zu radikal gehaltene Autor den Autoverkehr in Frage. 6. Die mit Mensch und Umwelt nicht im Einklang stehende Technik muss … überdacht werden. 7. Das von der Automobilindustrie bisher nicht aufgegebene überlieferte Verkehrskonzept ist überholt. 8. Der die Folgewirkungen seines Handelns missachtende Mensch zerstört … 9. Beim von Vester „abenteuerlich unwirtschaftlich" genannten Autofahren gehen 95 Prozent der investierten Energie … verloren. 10. Unsere täglich tausendfach von den Fließbändern rollenden Autos sind … 11. Verbesserungen wie der von Vester nur als „vorübergehende Notlösung" akzeptierte Drei-Wege-Katalysator ... sind keine ausreichenden Umweltschutzmaßnahmen. 12. Außerdem braucht das von ihm als „Relikt …" bezeichnete Auto zu viel Park- und Straßenraum. 13. Das schon den gegenwärtigen Verkehrsbedürfnissen nicht gerecht werdende Auto ist erst recht nicht für die Zukunft geeignet. 14. Natürlich beurteilt die von Vester heftig kritisierte Automobilindustrie das alles ganz anders. 15. Die von Vester vorgeschlagene Alternative besteht nicht … 16. Die von Vester entworfenen „Stadtmobile" sind leicht und völlig anders gebaut als … 17. Vesters „Ökomobile" nutzen die eingesetzte Energie zu 90 Prozent.

Übung 16: Nach einer Studie, die vor kurzem veröffentlicht wurde, hat Knoblauch eine Wirkung, die die Blutgerinnung hemmt. Schon an der Abwehrwirkung gegen Vampire, die ihm in Sagen zugeschrieben wird, erkennt man, dass der Knoblauch … ein Mythos ist. Die Volksmedizin erkennt ihm Eigenschaften zu, die das Blut verdünnen und das Leben verlängern. Chemiker … in den USA … haben nun die medizinische Realität sichtbar gemacht, die dahinter steht. Schon vor rund einem Jahrzehnt war … beobachtet worden, dass Knoblauchextrakt, der chemisch gewonnen wird, die Verklumpung der Blutplättchen … verhindert. Bei Herzoperationen an Tieren konnte das Arzneimittel, das normalerweise zur Gerinnungsverhinderung verwendet wird, durch einen Wirkstoff … ersetzt werden, der aus Knoblauch isoliert worden war. Offenbar hat man mit diesem Stoff ein medizinisches „Werkzeug" gefunden, das noch weiterhin auf seine Wirkung getestet werden muss. Bei der Gerinnungshemmung greift Ajoen in einen biochemischen Zyklus ein, der auch die Zellteilung reguliert. Denn Ajoen hat schon in minimalen Dosen eine Wirkung, die die Zellteilung hemmt und … Wucherungen stoppt. Diese Zusammenhänge, die von der Wissenschaft bislang erforscht wurden, lassen hoffen, dass mit dem Knoblauch-Wirkstoff eine biologische Substanz gefunden worden ist, die gegen bösartige Wucherungen eingesetzt werden kann.

Übung 17: Die Fremdenfurcht, die bei geselligen Tieren häufig beobachtet wird, ist ein im Tierreich nahezu duchgehendes Prinzip. (…) Kinder entwickeln sie im Alter von … Monaten, und zwar in allen daraufhin untersuchten Kulturen. Eine Aggressionsform, die noch genauer zu untersuchen ist / untersucht werden muss / soll ist die Ausstoßreaktion, die sich nicht gegen gruppenfremde Tiere, sondern gegen Gruppenmitglieder richtet. Hühner greifen ein Gruppenmitglied, das von der Norm abweicht, an oder töten es … sogar. Forscher fanden heraus, dass drei anders gefärbte Pinguine ständig von ihresgleichen angegriffen wurden. Andere Forscher haben davon berichtet, dass Schimpansen die Gruppenmitglieder, die infolge einer Kinderlähmung behindert waren, fürchteten oder … angriffen. Diese vorher voll in die Gruppe integrierten Schimpansen lösten nun aufgrund … bei anderen Tieren Aggressionen aus. So bewirkte z. B. ein solcher Schimpanse, der sich der Gruppe langsam näherte, dass die anderen sich vor ihm fürchteten. Ein anderer ebenfalls gelähmter Schimpanse löste durch seine Annäherung … sogar den Angriff der Männchen aus. Auch Menschen neigen dazu, sich abnorm verhaltende Gruppenmitglieder zu verstoßen. Jeder kennt aus seiner Schulzeit Mitschüler, die wegen körperlicher Gebrechen ausgelacht oder gar misshandelt wurden. Der Grund für die Ausstoßreaktionen dürfte der zu sichernde Zusammenhalt der Gruppe sein.

Übung 18: Nach einer Umfrage fühlen sich 85 Prozent der Bundesbürger durch die ständig zunehmende Vergiftung von Wasser … in ihrer Gesundheit bedroht. Die Umweltchemikalien, die in diesem Zusammenhang häufig genannt werden, sind für diese Menschen die Ursache der Krebserkrankungen. Nach langjähriger Forschungsarbeit verstehen Wissenschaftler jetzt besser, was Krebs erregende Substanzen sind. Die Forscher konnten beweisen, dass die umweltbedingten Karzinome nur zwei Prozent aller Krebserkrankungen ausmachen. Auch die Nahrungsmittelzusätze und …, die häufig als Ursache für Krebs angeführt werden, sind nur mit weniger als einem Prozent an der Entstehung von Krebs beteiligt. Dagegen sind zwei Drittel aller Krebserkrankungen, die in unserer Wohlstandsbevölkerung zu beobachten sind / sich beobachten lassen / beobachtet werden können, den … Ernährungsgewohnheiten sowie dem Tabakrauchen zuzuschreiben. Überernährung und … einseitige Ernährung wirken also in einem den Laien überraschenden Maße Krebs erregend. Aus Tierversuchen weiß man, dass unbeschränkt aufgenommene Nahrung mit hohem Fettgehalt zu einer … Erhöhung der

Krebserkrankungen führt. Epidemiologische Untersuchungen, die vorwiegend in den USA … durchgeführt wurden, bestätigen diese Beobachtungen für den Menschen. Fleisch- und fettreiche Nahrung lässt die Krebsraten steigen. Hinzu kommt eine Vielzahl anderer Faktoren, die teilweise schon identifiziert (worden) sind. So weiß man beispielsweise, dass die Hitzebehandlung … von Fleischprodukten zur Bildung von Stoffen führt, die kanzerogen sind und (die) das Erbgut verändern. Starkes Anbraten oder Grillen sind Methoden der …, die beliebt sind, aber (die) die Gesundheit gefährden. Krebs vermeidende Maßnahmen sind … der größtmögliche Verzicht auf Fett, Zucker … sowie Zurückhaltung beim Sonnenbaden.

Übung 19:   1. Die Stelle, die wir ausgeschrieben haben, verspricht eine vielseitige und abwechslungsreiche Tätigkeit. 2. Einer Fachkraft, die an übersichtliche Organisation gewöhnt ist und (die) selbständig arbeitet, bieten wir einen Wirkungsbereich, der auch hohe Ansprüche befriedigt, und ein überdurchschnittlich hohes Einkommen, denn die Leistung, die erbracht werden muss / soll / die zu erbringen ist, verdient eine angemessene Bezahlung. 3. Unter unseren Angestellten herrscht ein Vertrauen, das auf langjähriger Zusammenarbeit basiert. 4. Der Firmenleitung liegt daran, das gute Betriebsklima, das in seiner Auswirkung auf die Arbeitsleistung nicht zu unterschätzen ist / nicht unterschätzt werden darf, zu erhalten. 5. Unser Team, das gut aufeinander eingespielt ist / das sich gut aufeinander eingespielt hat, arbeitet in Räumen, die nach modernsten Gesichtspunkten gestaltet (worden) sind und (die) heutigen Anforderungen entsprechen. 6. Die Aufsicht über die Warenbestände, die in unseren Hallen gelagert werden / sind, ist eine Tätigkeit, die viel Sachkenntnis erfordert. 7. Wir setzen die Qualifikation, die für diesen Arbeitsplatz notwendig ist, voraus. 8. Da unserer Meinung nach nicht nur die Tätigkeiten, die direkt zur Herstellung von Gütern führen, produktiv sind, erwarten wir eine Arbeitsweise, die von Selbständigkeit und Kreativität bestimmt ist. 9. Ein erfahrener Abteilungsleiter, der seinen Aufgaben gewachsen ist, wird Ihnen bei Ihrer Tätigkeit hilfreich zur Seite stehen. 10. Wir wollen den Erfolg unserer Firma, der in der engagierten Mitarbeit unserer Angestellten begründet ist, kontinuierlich steigern. 11. An diesem Ziel, das von uns bisher verfolgt wurde und (das) weiter zu verfolgen ist / verfolgt werden muss, werden wir auch in Zukunft festhalten. 12. Es gilt, die Aufgaben, die in unserer Branche anstehen, und die Veränderungen, die in den nächsten Jahren vorzunehmen sind / vorgenommen werden müssen / sollen, mit Umsicht ... anzugehen. 13. Marktverschiebungen, die in naher Zukunft zu erwarten sind / erwartet werden können / müssen, werden an unsere Fantasie ... hohe Ansprüche stellen. 14. Wenn Sie meinen diesen Anforderungen, die in der Stellenausschreibung gestellt werden, gewachsen zu sein, reichen Sie ... Ihre Bewerbungsunterlagen ... ein. 15. Sollten Sie noch Fragen haben, so rufen Sie unseren Telefondienst an, der rund um die Uhr besetzt ist.

Übung 20:   Nach Meinung des Umweltdenkers Frederic Vester wird die sich immer mehr zuspitzende Umweltsituation dazu führen, dass wir auf das Auto verzichten müssen. Vester hält das Auto, das uns so unentbehrlich geworden ist, für nicht mehr zeitgemäß. Die Autos, die Kohlendioxid und ... in riesigen Mengen ausstoßen, werden unserer heutigen Umweltsituation nicht gerecht. Der Verkehr, der viele Todesopfer fordert, zerstört mit dem Straßennetz ganze Landstriche. Das gängige, rund 1500 Kilogramm wiegende Auto befördert im Durchschnitt 1,3 Menschen ... Diese Art der sehr unwirtschaftlichen Fortbewegung verursacht wiederum Verkehrschaos ... Vester weist auch auf das nicht zu übersehende Missverhältnis von Stand- und Fahrzeit hin. (...) Bei den Autos, die immer perfekter ausgestattet sind / werden, wird das Missverhältnis zwischen Aufwand und Ertrag immer größer. Vester empfiehlt Autos mit Elektromotor, die nur auf kurzen Strecken fahren. Er meint, die Zeit für Stadtfahrzeuge, die das ganze Verkehrssystem verändern, sei gekommen. Auf langen Strecken soll das Auto auf Bahnwaggons gestellt werden, die extra für diesen Zweck zu entwickeln sind / entwickelt werden müssen. (...) Diese Art der Fortbewegung mit Fahrzeugen, die am Zielort wieder als Stadtfahrzeuge zu benutzen sind / benutzt werden können, würde einen nahtlosen Übergang zwischen Individualfahrzeug und Massenverkehrsmittel schaffen. Dieses Stadtmobil, das mit viel Fantasie in Vesters Kopf entstanden ist, schafft höchstens 50 Kilometer ... Es besitzt eine Karosserie, die aus extra leichtem Kunststoff gefertigt wird / ist. Der unter die Fahrgastzelle verlegte Kofferraum beansprucht ... keinen eigenen Raum. Vesters „Ökomobil" ist ein Auto, das mit Elektronik voll gestopft ist. Es ist ein Fahrzeug, das wenig Energie verbraucht und (das) wenig oder keine Abgase produziert. (...)

§ 16

Übung 1: 1. Die jungen Eheleute, die die Koffer packten, bekamen richtig Reisefieber. Als / Während die jungen Eheleute die Koffer packten, bekamen sie ... 2. Als / Während sie im Taxi saßen, fiel der Stress der letzten Tage von ihnen ab. 3. Der Taxifahrer, der vom Trinkgeld enttäuscht war, ließ den jungen Mann die Koffer allein tragen. 4. Die jungen Leute, die am Flughafen ankamen, erfuhren, dass ... Als die jungen Leute ... ankamen, erfuhren sie, dass ... 5. Als sie am Urlaubsort eintrafen, gingen sie gleich an den Strand. 6. Weil sie den Rest des Tages in der ... Sonne lagen, hatten sie beide ... Sonnenbrand. 7. Sie schliefen, weil / da sie vom Sonnenbrand geplagt wurden, erst gegen Morgen ein. 8. Weil sie bereits um sieben Uhr von Kinderlärm geweckt wurden, saßen sie missgelaunt am Frühstückstisch. 9. Indem sie Karten spielten, vertrieben sie sich die Zeit bis zum Mittagessen. 10. Als sie vom Mittagsschlaf aufwachten, entschlossen sie sich zu einer Fahrt ins Landesinnere. 11. Die meiste Zeit des Urlaubs verbrachten sie am Swimming-Pool des Hotels, wobei / indem sie faul in den Liegestühlen lagen. 12. Während sie in der Sonne schmorten, träumten sie von einem Abenteuer-Urlaub. 13. Abends saßen sie, weil die abendlichen Folklore-Veranstaltungen sie langweilten, meistens vor dem Fernseher. 14. Als / Nachdem sie aus dem Urlaub zurückgekehrt waren, erzählten sie allen Bekannten von ihrer abwechslungsreichen Reise. 15. Dabei hatten sie, wenn man von der Fahrt ins Landesinnere absieht, kaum etwas gesehen.

Übung 3: 1. Viele Menschen flüchten sich, wobei / indem sie bittere Wahrheiten einfach nicht zur Kenntnis nehmen, in eine „Lebenslüge". 2. Indem / Dadurch, dass / Weil sie ihre Probleme verharmlosen, schützen sie sich möglicherweise vor deprimierenden Entdeckungen ... 3. Unangenehme Wahrheiten, die „unter den Teppich gekehrt" werden, können auf diese Weise das positive Selbstbild ... nicht gefährden. / Unangenehme Wahrheiten können, wenn sie ... werden, auf diese Weise ... gefährden. 4. Theaterstücke wie ..., die solche Lebenslügen aufzeigen, sind weltberühmt geworden.

5. Die in diesen Theaterstücken dargestellten Personen, die die Augen vor der Realität verschließen, leben angenehmer. Indem / Dadurch, dass / Weil die ... dargestellten Personen die Augen vor ... verschließen, leben sie angenehmer. 6. Sie vermeiden, obwohl / obgleich sie von unangenehmen Erinnerungen bedrängt werden, die Auseinandersetzung mit der ... Vergangenheit. 7. Viele unangenehme Gedanken dringen, wenn sie im richtigen Augenblick blockiert werden, erst gar nicht ins Bewusstsein.

Übung 4: 1. Bildlich ausgedrückt irrt der Anfänger ... in einem Labyrinth umher. 2. Genau genommen ist keine Sprache leicht zu lernen. 3. Grob geschätzt gibt es in der deutschen Grammatik ... 4. Genauer betrachtet folgen diese Verben ... 5. So gesehen sind auch Partizipialsätze ... 6. Die deutsche Adjektiv-Deklination ist, verglichen mit der russischen, sehr einfach. 7. Nur oberflächlich betrachtet erscheint die deutsche Adjektiv-Deklination kompliziert. 8. Aber bei Licht betrachtet reduzieren sich die Schwierigkeiten ... 9. Abgesehen von einigen Ausnahmen und ... Wendungen hält sich ... 10. Vorausgesetzt, dass der Anfänger zum Erlernen der deutschen Sprache motiviert ist, wird er bald ... 11. Langfristig gesehen lohnt es sich auf jeden Fall, ...

Übung 5: 1. Nicht umsonst wird der Anbruch jedes neuen Tages eingeleitet durch das Krähen des Hahns, das seit alters einen Verrat anzeigt. 2. An meiner Wand hängt ein japanisches Holzwerk, Maske eines bösen Dämons, die mit Goldlack bemalt ist. Mitfühlend sehe ich die geschwollenen Stirnadern, die andeuten, wie anstrengend es ist, böse zu sein. 3. Mein Bruder Shelley fand, während er, wie ich höre, über die Hölle nachdachte, sie sei ein Ort, der ungefähr der Stadt London gleicht. Ich, der ich nicht in London lebe, sondern in Los Angeles, finde, während ich über die Hölle nachdenke, sie muss noch mehr Los Angeles gleichen. Auch in der Hölle gibt es, ich zweifle nicht, diese üppigen Gärten, mit den Blumen, so groß wie Bäume, die freilich ohne Aufschub verwelken, wenn sie nicht mit sehr teurem Wasser gewässert werden. Und Obstmärkte mit ganzen Haufen von Früchten ... Und endlose Züge von Autos, die leichter sind als ihr eigener Schatten und schneller als törichte Gedanken, schimmernde Fahrzeuge, in denen rosige Leute, die von nirgendher kommen, nirgendhin fahren. Und Häuser, die für Glückliche gebaut wurden / sind, daher leer stehen, auch wenn sie bewohnt sind.

Übung 6: 1. Das Heulen, das ein langgezogener … U-Laut ist, ist wohl der charakteristischste Laut des Wolfes. 2. Wölfe heulen, wobei / indem sie den Kopf heben und die Ohren zurücklegen, um über weite Entfernungen … Kontakt aufzunehmen … 3. Eine besondere Heulzeremonie, die von Erik Zimen beschrieben wurde und als „Chorheulen" bezeichnet wird, läuft folgendermaßen ab: Nach einer langen Ruhepause … steht ein Wolf langsam auf und verschwindet, wobei / indem / während er auf dem Boden herumschnüffelt, im Gebüsch. 4. Die meisten Wölfe, die im Umkreis von etwa fünfzig Metern liegen, schlafen noch. 5. Plötzlich fängt der im Gebüsch verschwundene Wolf , während / wobei er unterhalb des Rudels auf einem Stein steht, zu heulen an. 6. Das Heulen, das immer lauter wird, weckt die anderen Wölfe aus ihrem Schlaf. 7. Sie erheben sich … und rennen, wobei / indem / während sie mit den Schwänzen wedeln, aufeinander zu. 8. Nachdem sie nun zu einem engen Haufen zusammengekommen sind, hat jeder … körperlichen Kontakt. 9. Dann fängt ein zweiter Wolf, wobei / indem / während er den Kopf hebt, zu heulen an. 10. Bald heulen die Wölfe, indem sie / die nacheinander in das Geheul einfallen, im Chor. 11. Allerdings stoßen die Jüngeren …, während sie / wobei sie / die noch unruhig hin- und herlaufen, zunächst quäkende Laute aus. 12. Nachdem / Wenn sie endlich zur Ruhe gekommen sind, heben auch sie den Kopf … und heulen im Chor mit. 13. Diese Heulzeremonie, die auch in freier Wildbahn beobachtet werden kann / wird, hat eine integrierende Funktion. 14. Sie, die auf das engste Rudel beschränkt ist, deutet darauf hin, dass … Dadurch, dass / Indem / Weil sie auf das engste Rudel beschränkt ist, deutet sie darauf hin, dass … 15. Die Wölfe, die gut ausgeruht sind, kommen … in eine freundliche … Stimmung, die die beste Voraussetzung für gemeinsame Aktivitäten ist. / Die Wölfe kommen, weil sie …

sind, durch … in … 16. Diese Zusammenkünfte, die vorwiegend vor dem abendlichen Start zur Jagd … stattfinden, sind vermutlich der Auftakt zu einem gemeinsamen Aufbruch.

Übung 1: 1. Esperanto ist eine systematische Sprache, denn / d.h. es ist folgerichtig aufgebaut. 2. Man führt Esperanto nicht als Hauptfach ein, denn es wird sich nie durchsetzen. / Entweder man führt Esperanto als Hauptfach ein oder es wird sich nie durchsetzen. 3. Esperanto sollte als Universalsprache nicht nur der weltweiten Verständigung dienen, sondern (sollte) auch die einzelnen Nationalsprachen ergänzen. 4. Der Wortschatz dieser Sprache stammt vorwiegend aus dem Englischen …, aber / doch / jedoch die Schreibung ist phonetisch / die Schreibung aber / jedoch ist phonetisch. 5. Es gibt noch andere Kunstsprachen, aber / doch / jedoch Esperanto ist die bekannteste / Esperanto ist aber / jedoch die bekannteste. 6. Die Idee einer Kunstsprache fasziniert Sprachwissenschaftler, aber / jedoch auch Philosophen haben sich immer wieder mit dieser Idee beschäftigt / mit dieser Idee haben sich aber auch … beschäftigt. 7. Der Erfinder des Esperanto, Ludwig Zamenhof, hatte nicht Sprachwissenschaft, sondern Medizin studiert. 8. Zamenhof machte als Kind Erfahrungen mit vielen Sprachen, denn er wuchs in einem Sprachengewirr auf. 9. Stark vertreten war auch das Jiddische, denn die Hälfte der … Einwohner waren Juden, und zu dieser Bevölkerungsgruppe gehörte auch die Familie Zamenhof./ und auch die Familie Zamenhof gehörte … 10. Zamenhof wollte eine Universalsprache entwickeln, denn er hat darunter gelitten, dass sich in seiner Heimat … 11. Er lernte in der Synagogenschule … vier Sprachen, aber / doch / jedoch das reichte dem Vater nicht / das reichte dem Vater aber / jedoch nicht, denn dieser wollte die Sprachbegabung seines Sohnes fördern. 12. Über weitere europäische Sprachen … verschaffte sich Zamenhof ebenfalls Kenntnisse und bastelte aus ihnen seine Kunstsprache zusammen / und aus ihnen bastelte er … 13. Zamenhof muss sehr sprachbegabt gewesen sein, denn er beherrschte viele Sprachen.

Übung 2: 1. Esperanto ist eine systematische (Sprache) und deshalb (eine) leicht zu lernende Sprache. 2. Esperanto ist leicht zu lernen, weil es auf nur 16 Grundregeln beruht und keine Ausnahmen kennt. 3. Vater Zamenhof brachte seinem Sohn Französisch und Deutsch bei. 4. Zamenhof lernte Fremdsprachen nicht nur bei seinem Vater, sondern auch in der Synagogenschule … 5. Es ist nicht bekannt, ob Zamenhof sich lieber von seinem Vater oder von fremden Lehrern unterrichten ließ. 6. Vater Zamenhof hielt von den „Spinnereien" seines Sohnes nicht viel und überredete diesen zum Medizinstudium.

Übung 3: 1. Zamenhof ist nicht als Augenarzt berühmt geworden, sondern er ist als Erfinder des Esperanto berühmt geworden. 2. Zamenhof konnte nicht vorhersehen, ob sich Esperanto durchsetzen würde oder ob es sich nicht durchsetzen würde. 3. Man weiß, dass Zamenhof den Sprachenwirrwarr … nicht als bereichernd empfand, sondern dass er ihn als problematisch empfunden hat. 4. Man kann Esperanto lernen oder man kann andere Kunstsprachen … lernen. 5. Hebräisch … lernte Zamenhof in der Synagogenschule, und Latein … lernte er im Gymnasium. 6. Es ist klar, dass Esperanto die Nationalsprachen nicht ersetzen sollte, sondern dass es die Nationalsprachen ergänzen sollte.

Übung 4: 1. Zamenhof träumte von einer einzigen Sprache, und zwar dachte er an eine Universalsprache. 2. Der Vater hielt von der Beschäftigung des Sohnes mit der Kunstsprache nichts, deshalb / infolgedessen warf er dessen erste Aufzeichnungen ins Feuer. 3. Er unterstützte das Sprachenlernen seines Sohnes, trotzdem versuchte er ihn von der Beschäftigung mit der Universalsprache abzubringen / versuchte aber trotzdem … 4. Esperanto ist leicht erlernbar, erstens ist es folgerichtig aufgebaut, zweitens basiert es auf 16 Grundregeln, drittens kennt es keine Ausnahmen. 5. Es gibt zusätzlich zum Grundwortschatz etwa 40 Silben mit fester Bedeutung, deshalb / infolgedessen / und daher kann man den Wortschatz beliebig erweitern, z.B. heißt „buso" Bus, „busisto" infolgedessen heißt Busfahrer. 6. Esperanto wurde vor gut 100 Jahren erfunden, aber trotzdem hat es sich noch nicht durchgesetzt / es hat sich aber trotzdem …7. Esperanto ist die bekannteste Universalsprache, indessen / trotzdem / dennoch beherrschen … diese Sprache nur einige Millionen Menschen / diese Sprache beherrschen aber trotzdem nur … / nur einige Millionen Menschen beherrschen indessen diese Sprache. 8. Es gibt noch andere Kunstsprachen, außerdem / darüber hinaus / ferner / und zwar / z.B. fallen mir Ido, … ein / Ido, … fallen mir außerdem / darüber hinaus / ferner ein. 9. Esperanto und die anderen Kunstsprachen sind leicht zu erlernen, indessen / trotzdem haben sie noch nicht die erhoffte Verbreitung gefunden / sie haben indessen / aber trotzdem noch nicht die … Verbreitung gefunden / die erwartete Verbreitung haben sie indessen / aber trotzdem noch nicht gefunden. 10. Esperanto ist eine neutrale Sprache, infolgedessen / deshalb ist es für eine weltweite Kommunikation geeignet / es ist infolgedessen / deshalb für … geeignet. 11. Esperanto hat in internationalen Gremien keine Chance, deshalb / infolgedessen wird nicht über die Einführung des Schulfachs Esperanto nachgedacht / über die Einführung des Schulfachs … wird infolgedessen / deshalb nicht nachgedacht. / Es wird nicht über die Einführung des Schulfachs … nachgedacht, daher hat Esperanto in … keine Chance. 12. Kenner dieser Sprache können Radiosendungen hören, auch / außerdem / daneben / darüber hinaus / ferner / überdies / zudem können sie die Esperantozeitung aus Peking lesen.

Übung 5: 1. Hauptsatz, Nebensatz 1. Grades, Hauptsatz (Fortsetzung), Nebensatz 1. Grades, Hauptsatz (Fortsetzung), Nebensatz 1. Grades. Hauptsatz, Nebensatz 1. Grades, Nebensatz 2. Grades, Nebensatz 1. Grades (Fortsetzung), Hauptsatz (Fortsetzung)
2. Hauptsatz, Nebensatz 1. Grades, Nebensatz 2. Grades, Hauptsatz (Fortsetzung), Nebensatz 1. Grades, Hauptsatz (Fortsetzung)
3. Hauptsatz, Nebensatz 1. Grades, Nebensatz 2. Grades, Nebensatz 1. Grades (Fortsetzung). Nebensatz, Hauptsatz, Nebensatz gleichen Grades, Hauptsatz (Fortsetzung)
4. Hauptsatz, Nebensatz 1. Grades, Hauptsatz (Fortsetzung), Nebensatz 1. Grades, Nebensatz 2. Grades, Nebensatz 3. Grades.

Übung 6: Wenn aber so träumerische Experimente und Spekulationen geeignet waren, mich von meinen Alters- und Schulgenossen im Städtchen, die sich auf herkömmliche Weise beschäftigten, innerlich abzusondern, so kam hinzu, dass diese Burschen, Weingutsbesitzers- und Beamtensöhne, von seiten ihrer Eltern, wie ich bald gewahr werden musste, vor mir gewarnt und von mir ferngehalten wurden, ja, einer von ihnen, den ich versuchsweise einlud, sagte mir mit kahlen Worten ins Gesicht, dass man ihm den Verkehr mit mir und den Besuch unseres Hauses verboten habe, weil es nicht ehrbar bei uns zugehe. Das schmerzte mich und ließ mir einen Umgang begehrenswert erscheinen, an dem mir sonst nichts gelegen wäre. Allein nicht zu leugnen war, dass es mit der Meinung des Städtchens über unser Hauswesen gewissermaßen seine Richtigkeit hatte. Ich ließ schon weiter oben eine Anspielung einfließen auf Störungen, welche durch die Anwesenheit des Fräuleins aus Vevey in unser Familienleben getragen wurden. In der Tat stellte mein armer Vater diesem Mädchen in verliebtem Sinne nach und gelangte auch wohl zu dem gesteckten Ziel, worüber sich Meinungsverschiedenheiten zwischen ihm und meiner Mutter entspannen, die weiter dahin führten, dass mein Vater sich auf mehrere Wochen nach Mainz begab um dort, wie er es manches Mal zu seiner Erfrischung tat, das Leben eines Junggesellen zu führen.

Übung 7: 1. Das Seltsame ist, dass die Menschen, obwohl ihnen technische Geräte viele Arbeiten abnehmen, immer mehr unter Zeitdruck stehen. 2. Den Historikern ist bekannt, dass der Uhrzeit, auch wenn sie schon in früheren Jahrhunderten wichtig war, im 19. Jahrhundert ein völlig neuer Stellenwert zukam. 3. Man kann sich sicher vorstellen, dass den Menschen, bis sie an die zeitlichen Zwänge gewöhnt waren, viel Disziplin abverlangt wurde. 4. Inzwischen ist die Uhrzeit für uns Menschen eine Selbstverständlichkeit geworden, weil unsere Aktivitäten, wenn sie nicht sinnlos aneinander vorbeilaufen sollen, zeitlich koordiniert werden müssen. 5. Der heutige Mensch macht sich nicht klar, dass er sich, wenn er sein Lebenstempo weiter beschleunigt, ständig selbst überfordert. 6. Die schnelle Lebensweise ist wie ein Zwang, dem man sich, auch wenn man dies gern möchte, nicht entziehen kann. 7. Viele Menschen haben heute das Problem, dass sie, weil die Hektik des Alltags sie nervös macht, keine Ruhe mehr finden. 8. Allerdings erkennen die Menschen allmählich, dass sie sich, wenn sie zu viele Freizeitangebote wahrnehmen, unnötigem Stress aussetzen.

Übung 8: Lieber Max, wie Du wahrscheinlich bereits festgestellt hast, ist wieder ein Jahr vergangen. Ich weiß nicht, ob es Dir so geht wie mir. Allmählich wird mir dieser ewigwährende Zyklus ein wenig leid. Dazu tragen verschiedene Faktoren bei, deren Urheber ich in diesem Zusammenhang nicht nennen möchte, um mich keinen Unannehmlichkeiten auszusetzen. Ich halte gern Frieden und die Folgen, die ich in Kauf zu nehmen gezwungen wäre, wären nicht absehbar.

§ 18

Übung 1: drei (Zahladjektiv), Arten (Substantiv), dem (Artikel), in (Präposition), gerade (Adverb), mich (Reflexivpronomen), meinem (Possessivpronomen), und (Konjunktion), die (Relativpronomen), kleinen (Adjektiv), berühren (Verb), nur (Partikel), wenn (Konjunktion), ich (Personalpronomen), dieser (Demonstrativpronomen), blaue (Adjektiv), nie (Temporaladverb), niemanden (Indefinitpronomen), ohne (Präposition)

Übung 2: „*Ich* bekenne: *Ich* gehöre zu den vier Millionen Menschen, *die* täglich diese Zeitungen mit den großen Buchstaben lesen. Natürlich interessiert mich, wie *man* einen Fenstersturz aus dem 12. Stockwerk überlebt, wie *man* Regenwürmer zubereitet und was *man* gegen die Grippe des Yorkshire-Terriers machen kann. Mich fesseln *die Schlagzeilen des Glücks* ‚*Mutter* machte Kind glücklich‘, ‚*Politiker K.* hatte wieder einmal Glück‘, ‚Rufen *Sie* an, *ich* mache Sie glücklich‘. *Jedes Kind* beginnt früh das Glück zu suchen. Bei Umfragen über die großen Wünsche ist *es* immer auf den vordersten Plätzen zu finden, aber *nur wenige meiner Freunde* haben es jemals erlebt, das große, schöne strahlende Glück. Vielleicht sollte *ich* eine Annonce aufgeben.“

Übung 3: „Es *kam* (P1) mal ein Typ auf meine Taxe *zugesteuert* (P2), den zwei Kollegen schon *abgelehnt* (P2) *hatten* (P1), weil er *aussah* (P), als *wäre* (P1) er gerade in eine Schlägerei *verwickelt gewesen* (P2). Er *war* (P1) ziemlich *betrunken* (P2) und *machte* (P) nicht den Anschein, als *wollte* (P1) er die Fahrt *bezahlen* (P2). Ich *habe* (P1) ihn dann *mitgenommen* (P2) und er *hat* (P1) mir *erzählt* (P2), dass drei Männer ihn *überfallen* (P2) *hätten* (P1). Die drei Männer *haben* (P1) den jungen Mann *ausgeraubt* (P2), *zusammengeschlagen* (P2) und auf ihn *geschossen* (P2). Er *konnte* (P1) sich gerade noch mit einem Sprung in die Elbe *retten* (P2). Er *ist* (P1) dann, weil er tatsächlich kein Geld *hatte* (P), zu einem Freund *gefahren* (P2). Es *gibt* (P) Leute, deren Mut *besteht* (P) darin, sich an einem Gummiband hundert Meter in die Tiefe zu stürzen und dafür Geld zu bezahlen. Mein Mut *ist* (P) völlig umsonst, mein Mut *will* (P1) *geben* (P2) – auch wenn ich gelegentlich ein Trinkgeld dafür *kassiere* (P)."

Übung 4: „Es gab schon schlechtere Zeiten um aufzuwachsen. Auch heutzutage ist es *kein Kinderspiel*, aber für ein Dach über dem Kopf und einen Hamburger in der Hand reicht es. Woran es liegt, dass ,die Jugend' nicht mehr so einfach von Werten zu überzeugen ist? Es ist *unwahrscheinlich*, dass es an ,der Jugend' liegt. Immerhin sind die Gene in den letzten tausend Jahren *ziemlich gleich* geblieben. Die Menschen sind alle *gleich,* lehrt die Bibel. Alle Menschen? Na ja, bis auf die Asoziale, die unser Dachgeschoss mieten wollte. Die brach ihre Ausbildung ab, weil sie *schwanger* war. Anschließend wollte sie dem Kind Erziehung spendieren und seitdem lässt sie sich von unseren Steuern durchfüttern. Nicht alle Menschen sind *gleich,* schon gar nicht Punks, Langhaarige, Querulanten oder Linke. Es ist *wichtig*, seinen Nächsten zu lieben, aber für das Rasenmähen muss auch noch *Zeit* bleiben."

Übung 5: „Bei den meisten Leuten fängt das Leben *mit Liebe* (Präp.obj.) an. Bei mir war da nichts. Irgendwie bin ich *mit meinen Eltern* (Präp.obj.) ausgekommen, aber Liebe? Als ich *vor der Entscheidung* (Präp.obj.) stand, entweder *meine Eltern* (Akk.obj.) zu verlassen oder *meine Freundin* (Akk.obj.), war klar: hin zu ihr, die *mir* (Dat.obj.) *alles* (Akk.obj.) gab, *wonach* (Präp.-obj.) ich *mich* (Akk.obj.) sehnte. Ich wollte *sie* (Akk.obj.) gar nicht mehr loslassen. Nach zwei Jahren konnte sie nicht mehr. Sie ging. Es war zu spät. *Viele Freunde* (Akk.obj.) habe ich nicht, denn ich will *mit ihnen* (Präp.obj.) nicht *über Autos und Weiber* (Präp.obj.) fachsimpeln. *Mit dem Hass-Kult* (Präp.objekt) komme ich nicht mit, warum hassen viele so gern? Wenn ich noch mal *eine Frau* (Akk.obj.) finde, die ich liebe und sie *mich* (Akk.obj.), dann sollen Kinder kommen. Was die Leute in meinem Alter immer *mit Karriere* (Präp.obj.) am Hut haben, ist *mir* (Dat.obj.) schleierhaft. Ist Arbeit Spaß? Bringt Arbeit *Glück* (Akk.obj.)?

Übung 6: „*Vor wenigen Tagen* (temporal) fragte mich ein Freund, ob ich *in den letzten Monaten* (temporal) mal *zu Hause* (lokal) war. Er wunderte sich, dass ich *nie* (temporal) *in meine Heimat*

(lokal) *zu Besuch* (adv.Erg.) fahre, und fragte, ob es für mich eine Heimat gebe oder nur einen Ort, wo meine Eltern wohnen. Einer, der mich *seit zwei Jahren* (temporal) kennt, fragt mich nach meinem Heimatgefühl! Ich habe einfach keine Lust *zu meinen Eltern* (lokal) zu fahren, *in meine Heimat-, Geburts- und alte Wohnstadt* (lokal) zu fahren. Sie ist mir *lästig* (modal), diese Konfrontation mit der Familie und der alten Zeit. Es gab eine Zeit, als ich an dieser Umgebung hing, *damals* (temporal), *während des Zivildienstes* (temporal) *in der weit entfernten Großstadt* (lokal). Obwohl ich *aus der Enge meiner Heimatstadt* (lokal) fliehen wollte, zog es mich *in den ersten sechs Monaten* (temporal) zurück. Heimweh. Doch das verlor sich, als die alten Freunde wegzogen. Ich zog *in immer größere Städte* (lokal), besuchte immer weiter entfernte Länder und sah *immer seltener* (temporal) *bei meinen Eltern* (lokal) vorbei. Ich habe auch das letzte Band zu meiner Heimat gekappt und bin *dort* (lokal) nun ein Fremder. Ich kenne mich *nicht mehr* (temporal) aus, die Leute schauen mich *komisch* (modal) an. Heimat lebt *nur noch* (modal) *in meiner Erinnerung* (lokal). Ich werde *nicht mehr* (temporal) *dorthin* (lokal) zurückkehren können. Ich suche Heimat und bin *auf eine Weise* (modal) heimatlos und das ist *nicht schön* (modal). Ich suche die zweite Heimat."

Übung 7: Picasso, *Pablo* (Apposition), *spanischer* (Adjektiv) *Maler, Grafiker, Bildhauer, Keramiker und Dichter* (Apposition), / besuchte, / *15-jährig* (Apposition), / die *Kunst*schule (Bestimm.wort) *in Barcelona* (mit Präposition), / 1897 / *kurze* (Adjektiv) Zeit / die Academia *San Fernando* (Apposition) *in Madrid.* (mit Präposition) / Von 1900 bis zu *seiner* (Pronomen) *endgültigen* (Adjektiv) Übersiedlung 1904 / reiste / Picasso / jährlich / nach Paris, / wo / ihn / *nachimpressionistische* (Adjektiv) Bilder *von H. Toulouse-Lautrec, P. Gauguin, aber auch E. Delacroix, H. Daumier, E. Degas und Th. Steinlen* (von als Genitiversatz) / beeinflussten. / 1901 / begann / die *„Blaue* (Adjektiv) Periode" (*schwermütige* (Adjektiv) *Frauen*bilder (Bestimm.wort) in *verschiedenen* (Adjektiv) *Blau*tönen, (Bestimm.wort), / die / bis 1904 / reichte, / 1905 / folgten / *Zirkus*themen (Bestimm.wort), / 1906 / die *„Rosa* (Adjektiv) Periode". / Gleichzeitig /

entstanden / neben Radierungen und *Kupfer*stichen (Bestimm.wort) / die *ersten* (Adjektiv) Plastiken. / Für die *Stil*wende (Bestimm.wort) *von 1907* (von als Genitiversatz) / waren / *afrikanische* (Adjektiv) Masken, aber auch die Auseinandersetzung *mit P. Cezanne* (mit Präposition) / wichtig, / die *zeitgleich* (Bestimm.wort) mit G. Braque / zum *analytischen* (Adjektiv) Kubismus / führten. / Seit 1915 / trat / neben den Kubismus / eine *in konventioneller* (Adjektiv) *Sehweise* (Bestimm.wort) *arbeitende* (erweit. Partizip) Technik, / vor allem bei *Portrait*zeichnungen (Bestimm.wort). / *Picassos* (Genitiv) Hinwendung *zum Surrealismus* (mit Präposition) / zeigt sich / in der Malerei *seit 1927* (mit Präposition). / Ein *Höhe*punkt (Bestimm.-wort) *in Picassos* (Genitiv) *Schaffen* (mit Präposition) / ist / das *1937 entstandene* (erweit. Partizip) *großformatige* (Adjektiv) Gemälde „*Guernica*" (Apposition). / *Picassos* (Genitiv) Protest *gegen den Krieg* (mit Präposition), / den / er / im *besetzten* (Partizip) Paris / erlebte, / führte / zu *stärkerem politischem* (Adjektiv) Engagement. / Seit 1947 / entstand / in Vallauris (*bei Cannes*) (mit Präposition) / eine *große* (Adjektiv) Zahl *bemalter Keramiken* (Partizip/Genitiv). / Seit 1961 / lebte / Picasso / in Mougins (*bei Cannes*) (mit Präposition). / *Seinen* (Pronomen) Nachlass / erhielt / der *französische* (Adjektiv) Staat (*Picasso*-Museum (Bestimm.wort), *Paris* (Apposition)).

Übung 8: Die Geschichte *der menschlichen Zivilisation* ist eine Geschichte *menschlichen Erfindungsgeistes* von den ersten primitiven Geräten *der Altsteinzeit* bis zu den kompliziertesten technischen Apparaturen *unserer Tage*. Erfindungen und Entdeckungen gehen dabei zeitweilig ineinander über. Die Entdeckung *einer Gesetzmäßigkeit in der Natur* kann zu einer Erfindung führen, aber auch umgekehrt kann eine Erfindung helfen den Gesetzen *der Natur* auf die Spur zu kommen. Die Entdeckung *der elektrischen Natur des Blitzes* machte die Erfindung *des Blitzableiters* möglich und die Erfindung *des Fernrohrs* erlaubte Galilei neue Entdeckungen *im Weltall*. Manche Erfindungen sind das Ergebnis *langjährigen Nachdenkens und vielleicht auch Experimentierens*, andere die Frucht *eines genialen Augenblicks oder einfach nur des Zufalls*. Aus kleinen Erfindungen können große hervorgehen; große Forschungsprojekte

können, wie heute etwa die zahlreichen Nebenprodukte *der Weltraumforschung* beweisen, kleinere Erfindungen nach sich ziehen. Viele, ja wohl die meisten Erfinder standen und stehen auch heute noch auf den Schultern *ihrer Vorgänger*, bauen auf schon bekannten Erfindungen auf.

Übung 9: 1. [1][erste Untersuchungen] [2][zur Elektrizität] [3][von W. Gilbert] [4][im Jahre 1600] *2, 3 und 4 sind Attribute zu 1*
2. [1][die Erfindung] [2][der Glühbirne] [3][durch einen amerikanischen Elektrotechniker] [4][namens Edison] *2 und 3 sind Attribute zu 1, 4 ist Attribut zu 3*
3. [1][die Lösung] [2][des Problems] [3][der Massenproduktion] [4][von Lichtquellen] *2 ist Attribut zu 1, 3 zu 2, 4 zu 3*
4. [1][die Entwicklung] [2][praktischer Anwendungsmöglichkeiten] [3][der Elektrizität] [4][in Maschinenbau und Beleuchtungstechnik] *2 ist Attribut zu 1, 3 zu 2, 4 zu 2*
5. [1][der Anstieg] [2][der Nachfrage] [3][nach elektrischem Strom] *2 ist Attribut zu 1, 3 zu 2*
6. [1][die Inbetriebnahme] [2][des ersten Elektrizitätswerks] [3][der Welt] [4][im Jahre 1882] [5][durch Edison] *2, 4 und 5 sind Attribute zu 1, 3 ist Attribut zu 2*
7. [1][Einrichtungen] [2][zur Versorgung] [3][der Haushalte und Industriebetriebe] [4][mit Strom] *2 ist Attribut zu 1, 3 zu 2, 4 zu 2*

Übung 10: 1. die Folgen der Industrialisierung für das Normen- und Wertesystem der Gesellschaft 2. die Veränderung der Arbeits- und Lebensbedingungen seit der zweiten Hälfte des 18. Jahrhunderts durch die Industrialisierung 3. der Beginn der Industrialisierung in der Textilindustrie mit der Einführung der Maschinen 4. die Revolutionierung des Verkehrswesens durch die Entwicklung der Eisenbahn und des Dampfschiffes seit der Mitte des 19. Jahrhunderts 5. die grundlegende Veränderung der sozialen Struktur der europäischen Länder 6. die starke Konzentration der arbeitenden Menschen in Ballungsgebieten bei räumlicher Trennung von Arbeitsplatz und Wohnung 7. die industrielle Revolution als das vermutlich wichtigste Ereignis der Weltgeschichte seit der Entwicklung der Landwirtschaft und der Städte

Übung 12: für Berufsanfänger (Präp.attribut) mit abgeschlossenem Informatikstudium (Präp.attribut), als Berufsgruppe (Präp.attribut), am akademischen Arbeitsmarkt (adverb. Best.), an der Universität Karlsruhe (adverb. Best.), von Berufsanfängern (Präp.attribut), nach Studienabschluss (adverb. Best.), in der Computerindustrie (adverb. Best.), in die technischen Universitäten (adverb. Best.), nach Informatikern (Präp.attribut), im Dienstleistungsbereich (adverb. Best.), um die hauseigenen Computernetze (Präp.objekt), an Anpassungsbereitschaft und Weiterbildungswillen (Präp.attribut), zu den aussichtsreichsten Berufsfeldern (Präp.objekt) für spezialisierte Informatiker (Präp.attribut), im Gesundheitswesen (Präp.attribut / adverb. Best.), zum kostensparenden Computereinsatz (Präp.attribut) in Kliniken und Arztpraxen (Präp.attribut), an Informatikspezialisten (Präp.attribut)

Übung 13: 1. dem tyrannischen Herrscher von Samos 2. den Lehrsatz $a^2 + b^2 = c^2$ 3. des „Vaters" der Historiker 4. der Voraussetzung für seine Geschichtsschreibung 5. den Sohn wohlhabender Eltern – seines Freundes und Lehrers 6. seinem Lehrer 7. seiner Geburtsstadt 8. einem Schüler Platons 9. einer auf das Schöne und Ideale gerichteten Philosophie 10. der Lehre vom logischen Schlussfolgern

Übung 14: 1. Den Wochenvorrat an Lebensmitteln muss Helmut H. aus ganz bestimmten Gründen ohne seine Frau einkaufen. Aus ganz bestimmten Gründen muss Helmut H. den Wochenvorrat … ohne seine Frau einkaufen.
2. Seit einiger Zeit hat seine Frau nämlich in Supermärkten und Kaufhäusern Hausverbot. In Supermärkten … hat seine Frau nämlich seit einiger Zeit Hausverbot. 3. Von ihren Streifzügen durch die Innenstadt hat sie jahrelang unbezahlte Waren mit nach Hause genommen. Jahrelang hat sie von ihren Streifzügen … unbezahlte Waren mit nach Hause genommen.
4. Zum Entsetzen des Ehemannes türmt sich ein ganzes Warenlager in ihrem Schlafzimmer. In ihrem Schlafzimmer türmt sich zum Entsetzen des Ehemannes ein ganzes Warenlager.
5. Trotz Strafanzeigen, Hausverbot … kann Frau H. das Stehlen einfach nicht lassen. Das Stehlen kann Frau H. trotz Strafanzeigen … einfach nicht lassen. 6. …

Übung 15: 1. Bekanntlich lassen sich überall auf der Welt verschiedene Siedlungsformen unterscheiden. Bekanntlich lassen sich verschiedene Siedlungsformen überall auf der Welt unterscheiden. Überall auf der Welt lassen sich bekanntlich verschiedene Siedlungsformen unterscheiden. Verschiedene Siedlungsformen lassen sich bekanntlich überall auf der Welt unterscheiden. 2. In vielen Gegenden sind Mensch, Vieh, Vorräte und Geräte im Bauernhaus untergebracht. Mensch, Vieh … sind in vielen Gegenden im Bauernhaus untergebracht. 3. Im Laufe der Zeit sind aus der Ansammlung einzelner Bauernhöfe Dorfgemeinschaften entstanden. Aus der Ansammlung einzelner Bauernhöfe sind im Laufe der Zeit Dorfgemeinschaften entstanden. Dorfgemeinschaften sind im Laufe der Zeit aus der Ansammlung einzelner Bauernhöfe entstanden. 4. Auf den Märkten wurden Rohstoffe und fertige Produkte regelmäßig ausgetauscht. Regelmäßig wurden auf den Märkten Rohstoffe … ausgetauscht. Rohstoffe … wurden auf den Märkten regelmäßig ausgetauscht. 5. Natürlich wurden zwischen den Händlern heftige Konkurrenzkämpfe ausgetragen. Zwischen den Händlern wurden natürlich heftige Konkurrenzkämpfe ausgetragen. 6. …

Übung 16: 1. Seit kurzem bietet das renovierte Kongresszentrum den Kongressteilnehmern moderne Vortrags- und Seminarräume. 2. Bis vor kurzem konnte die Stadt den Teilnehmern keine großzügigen Räume zur Verfügung stellen. 3. In den Vortragsräumen ist die Akustik seit dem Umbau außergewöhnlich gut. 4. Nach dem Vortrag rieten einige Kollegen dem Referenten zur Veröffentlichung des Vortrags. 5. Im Anschluss an den Vortrag standen die Forschungsergebnisse des Referenten eine Stunde lang zur Diskussion. 6. Offensichtlich ermangelten einige Argumente schon bei oberflächlicher Betrachtung jeder Logik. 7. Nach der Diskussion bedankte sich der Referent bei den Zuhörern für ihre rege Beteiligung. 8. Einige Kongressteilnehmer gingen nach der Diskussion zum Essen. 9. Zu Recht gilt der Referent in Fachkreisen als Experte. 10. Schon seit längerem findet die Arbeit des Referenten auch im

Ausland Beachtung. 11. Wegen seiner wissenschaftlichen Methodik finden auch ausländische Wissenschaftler die Arbeit des Referenten sehr überzeugend. 12. Der Referent hat vor seinem Ruf an eine angesehene deutsche Universität einige Jahre im Ausland verbracht.

Übung 17: 1. Ja, am Jahresende hat er sich bei ihnen für die gute Zusammenarbeit bedankt. 2. Ja, aus Zeitgründen hat er ihnen die Korrektur der Prüfungsarbeiten überlassen. 3. Aber natürlich beschweren sich die Assistenten / die Assistenten sich darüber. 4. Ich hoffe, dass der Institutsleiter es ihm / es ihm der Institutsleiter / es der Institutsleiter ihm schon ausgestellt hat. 5. Soviel ich weiß, hat es sich der Chef / hat der Chef es sich / hat es der Chef sich noch nicht abgewöhnt. 6. Ich glaube, dass er es dem Dozenten bewilligt hat. 7. Ja, bestimmt legt er sie ihm vor. 8. Ich hoffe, der Student hat sie ihm zurückgegeben. 9. Es ist wohl richtig, dass manche Studenten es sich / es sich manche Studenten / es manche Studenten sich leichter vorgestellt haben. 10. Ja, erstaunlicherweise kann er sie sich merken. 11. Ich glaube schon, dass er sie sich kaufen kann. 12. Ja, natürlich konnte er es den Studenten erklären. 13. Ja, bestimmt hat er sie ihm schon übergeben. 14. Ich bin sicher, dass sich der Institutsleiter / der Institutsleiter sich auf sie verlassen kann. 15. Ja, Gott sei Dank kümmert er sich um darum.

Übung 18: 1. Nach einer weit verbreiteten Ansicht gehören zu einem rechten Professor Zerstreutheit, Weltfremdheit und eine eigentümliche Pedanterie. 2. Immanuel Kant war zeit seines Lebens ein Pedant. 3. Er hatte seinen Tagesablauf genau festgelegt. 4. Jeden Morgen stand er um 5 Uhr auf. 5. Der Arbeit am Schreibpult folgten in geregeltem Ablauf Vorlesungen. 6. Mittags nahm er im Kreise von Freunden ein längeres Essen ein. 7. Jeden Nachmittag besuchte er zur selben Zeit seinen Freund Green. 8. Abends ging er pünktlich um 7 Uhr nach Hause. 9. Auch das Schlafengehen hatte er genau auf 10 Uhr abends festgesetzt. 10. Er ordnete auch seine Umgebung aufs Genaueste. 11. Beim Anblick eines verschobenen Stuhls konnte er in Verzweiflung geraten. 12. Einmal irritierte ihn der Hahn eines Nachbarn. 13. Er konnte den Hahn nicht kaufen. 14. Daher zog er in eine andere Wohnung um. 15. Seine Heimatstadt Königsberg in Preußen verließ er nie. 16. Dort war er in einem pietistischen Elternhaus aufgewachsen. 17. Er verbrachte sein ganzes Leben in Königsberg. 18. Neun Jahre nach Beendigung seines Studiums wurde Kant Privatdozent an der Universität Königsberg. 19. Dort blieb er 15 Jahre lang Privatdozent. 20. Mit 46 Jahren bekam er an dieser Universität endlich eine Professur. 21. 1804 starb er achtzigjährig in Königsberg. 22. Trotzdem vollbrachte er in diesem unscheinbaren Rahmen eine der größten Leistungen auf dem Gebiet der Philosophie. 23. In der Geschichte des philosophischen Geistes stellt sein Denken einen Wendepunkt dar. 24. Kants Philosophie fragt nach den Grenzen der menschlichen Vernunft. 25. Kant hat erstmals die Unmöglichkeit objektiver Erkenntnis beschrieben.

Übung 19: 1. Ohne Zweifel ist das Fernsehen seit vielen Jahren, besonders in den Industrieländern, die Hauptquelle gesellschaftlicher Kommunikation. Besonders in den Industrieländern ist das Fernsehen ohne Zweifel seit vielen Jahren die Hauptquelle … Seit vielen Jahren ist das Fernsehen, besonders in den Industrieländern, ohne Zweifel die Hauptquelle … 2. Im Jahre 1934 stellte man in Deutschland die ersten Fernsehgeräte serienmäßig her. In Deutschland stellte man im Jahre 1934 die ersten Fernsehgeräte serienmäßig her. Serienmäßig stellte man die ersten Fernsehgeräte in Deutschland im Jahre 1934 her. 3. In Europa beschäftigte man sich von 1956 an intensiv mit der Entwicklung des Farbfernsehens. Von 1956 an beschäftigte man sich in Europa intensiv mit der Entwicklung des Farbfernsehens. Mit der Entwicklung des Farbfernsehens beschäftigte man sich in Europa intensiv von 1956 an. 4. Die Fernsehsendungen wurden in Deutschland bis vor wenigen Jahren nur von öffentlichen Anstalten ausgestrahlt. Bis vor wenigen Jahren wurden die Fernsehsendungen in Deutschland nur von öffentlichen Anstalten ausgestrahlt. In Deutschland wurden die Fernsehsendungen bis vor wenigen Jahren nur von öffentlichen Anstalten ausgestrahlt. 5. Heute wenden sich die Fernsehzuschauer auch in Deutschland vermehrt privaten Fernsehsendern zu. Auch in Deutschland wenden sich heute die Fernsehzuschauer vermehrt privaten Fernsehsendern zu. Die Fernsehzuschauer wenden sich heute auch in Deutschland / auch in Deutschland heute vermehrt privaten Fernsehsendern zu. 6. Die einzelnen Bundesländer haben die Zulassung privater Sender nach dem Beginn des privaten Fernsehens 1984 in ihren Landesmediengesetzen unterschiedlich geregelt. 7. Die privaten Programmanbieter finanzieren ihre Programme derzeit im Wesentlichen durch Werbeeinnahmen. 8. Das Fernsehen ist durch seine Wirkungsmöglichkeiten den anderen Medien in vieler Hinsicht überlegen. 9. Fast alle Bundesbürger können das politische Geschehen vom Wohnzimmer aus am Bildschirm passiv verfolgen. 10. In modernen Industriegesellschaften kann man sich Politik nicht mehr ohne Massenmedien vorstellen. 11. In den Haushalten der BRD lief im Jahre 1985 der Fernseher durchschnittlich dreieinhalb Stunden an einem Wochentag. / Im Jahre 1985 lief der Fernseher in den Haushalten der BRD an einem Wochentag durchschnittlich dreieinhalb Stunden. 12. Der Faszination des Fernsehens können sich besonders Kinder wohl nur mit Hilfe der Erwachsenen entziehen. 13. Wie selbstverständlich gestehen heute viele dem Fernsehapparat einen „Ehrenplatz" im Wohnzimmer zu. 14. In den letzten Jahren sind viele medienkritische Bücher auf dem Buchmarkt erschienen. 15. Nach Umfrageergebnissen sind die Bundesbürger vor dem Fernseher am einsamsten. 16. Schon seit langem warnen Fernsehkritiker eindringlich vor den realitätsverzerrenden Darstellungen des Fernsehens.

Übung 20: 1. Das Fernsehen verführt Kinder und Jugendliche in der Zukunft bestimmt noch mehr zu passivem Fernsehkonsum. 2. Hoher Fernsehkonsum beeinträchtigt Kinder … wahrscheinlich in ihrer Entwicklung. 3. Das Fernsehverhalten vieler Kinder … wird bekanntlich von den meisten Pädagogen kritisiert. 4. Man setzt Kinder bedauerlicherweise zu früh elektronischer Kommunikation aus. 5. In den letzten Jahren ist die Kritik an den Medien deshalb zweifellos stark gewachsen. 6. Aber man kann die Wirkungen des Fernsehkonsums natürlich nicht genau einschätzen. 7. Pädagogen warnen die Eltern heute jedenfalls vor einem zu hohen Fernsehkonsum ihrer Kinder. 8. Gewalt im

Fernsehen verstärkt Untersuchungen zufolge nämlich die Ängste der Kinder. 9. Die schnelle Aufeinanderfolge der Fernsehbilder überfordert offensichtlich die psychische Aufnahmefähigkeit der Kinder ständig. 10. Die Eltern sprechen mit ihren Kindern leider zu wenig über die Fernsehsendungen.

Übung 21: 1. Max Planck gilt heute nicht nur in Fachkreisen als bedeutender Physiker. 2. Wenn der Name Max Planck auftaucht, denkt jeder natürlich sofort an den Erfinder der Quantentheorie. 3. Mit Sicherheit wird er als Begründer der Quantentheorie nicht so schnell in Vergessenheit geraten. 4. Längst ist sich die Fachwelt der Bedeutung dieses Wissenschaftlers bewusst. 5. Zu Recht wird Max Planck heute zu den bedeutendsten Physikern des 19. und 20. Jahrhunderts gezählt. 6. Erstaunlicherweise hat er seine Doktorarbeit schon mit 21 Jahren zum Abschluss gebracht. 7. Immer wieder hat er die Fachwelt mit seinen Thesen in Erstaunen versetzt. 8. Stets sind seine Entdeckungen bei Physikern auf großes Interesse gestoßen. 9. In Deutschland hat die einsteinsche Relativitätstheorie nicht zuletzt dank seiner Unterstützung so schnell Anerkennung gefunden. 10. Wie bekannt hat Max Planck jahrzehntelang als Professor der Physik in Berlin gelebt. 11. Sicher standen ihm in seinem Institut gute Forschungsmöglichkeiten zur Verfügung. 12. Wie man weiß, erfreute er sich als Professor bei Kollegen und Studenten großer Beliebtheit. 13. Wie bekannt fanden ihn seine Zeitgenossen als Mensch und Wissenschaftler imponierend. 14. Aus gutem Grund wird in Biographien auf seinen vornehmen und gradlinigen Charakter hingewiesen. 15. Zeit seines Lebens hat er sich anderen gegenüber menschlich verhalten. 16. Erfreulicherweise haben seine Leistungen durch die Verleihung des Nobelpreises Anerkennung gefunden. 17. Wie er sind einige seiner Schüler wegen Aufsehen erregender Entdeckungen Nobelpreisträger geworden.

Übung 22: 1. Wer ein Lokal aufsucht, in dem hauptsächlich Männer verkehren, betritt eine Welt, in der eigene Regeln herrschen. 2. Ein Mann tritt an eine Bar, an der drei Männer stehen, und bestellt ein Glas, das er halb austrinkt. 3. Nachdem er bei dem Barkeeper, der

hinter der Theke steht, vier Glas Alkohol bestellt hat, beginnt eine Unterhaltung. 4. Nach
und nach gibt jeder der Männer, von denen einer arbeitslos ist, eine Runde aus, bis die Runden beendet sind. 5. Nachdem die Gläser hin-
gestellt sind, verlässt der Arbeitslose das Lokal,
wobei er zum Zeichen dafür, dass er zurückkehren wird, sein halbvolles Glas hinterlässt.
6. Nachdem er fünf Minuten später zurückge-
kommen ist, leert er sein Glas, dann bestellt er
vier weitere Gläser. 7. Später erzählt er, dass er
nicht mithalten konnte, da er nicht genügend
Geld bei sich hatte. 8. Er musste nach Hause
gehen, um sich welches zu holen, weil er sich
nicht von der Runde ausschließen durfte. 9. Jeder kennt diese Verpflichtung an einer Trink-
runde teilzunehmen, auch wenn man es sich
eigentlich nicht leisten kann, weil man glaubt,
dass man sein Gesicht verlieren würde, wenn
man nicht mitmachte. 10. Wenn das Runden-
trinken begonnen hat, ist jeder Teilnehmer verpflichtet mindestens eine Runde zu übernehmen. 11. Wenn die Runden begonnen haben,
bleibt die ursprüngliche Gruppe gewöhnlich
zusammen, bis jeder seine Runde geleistet hat.
12. Nachdem er eine Runde bezahlt hat, wird
sich ein Teilnehmer manchmal in eine andere
Ecke begeben, was aber nichts daran ändert,
dass die Teilnehmer der Gruppe ihn trotz dieser
physischen Abwesenheit weiterhin als Mitglied
ihrer Gruppe betrachten und behandeln. 13. Er
wird umgekehrt jedes Glas, das die Gruppe ihm
zukommen lässt, mindestens durch eine Geste
bestätigen, bis die Runden beendet sind, so
dass auf diese Weise die Verbindung erhalten
bleibt. 14. Das gemeinschaftliche Trinken, das
zwar eine brüderliche Verbundenheit stiftet,
das zugleich aber von Verpflichtung und Wettkampf bestimmt ist, ist durch eine merkwürdige Ambivalenz gekennzeichnet, was es gar
nicht so freundschaftlich erscheinen lässt, wie
sich hier zeigt.

§ 19

Übung 1: 1. Den anderen begeistert die herrli-
che Landschaft nicht. 2. Der andere begeistert
sich nicht für Kunst. 3. Der andere beschäftigt
sich nicht damit. 4. Die andere Reisegruppe bekommt nicht die Erlaubnis, das Schloss zu be-
sichtigen. 5. Die Erwartungen des anderen gehen nicht in Erfüllung. 6. Der andere erfreut
sich nicht der besten Gesundheit. 7. Der andere
bekommt nicht den Auftrag einen Reisebericht
zu schreiben. 8. Den anderen empfinden die
Touristen nicht als idealen Reiseleiter. 9. Bei der
anderen Reise ist die Stadtrundfahrt im Preis
nicht inbegriffen. 10. Der andere Reiseleiter ist
nicht der geborene Organisator. 11. Der andere
Reiseleiter zeigt den Touristen die Regierungs-
gebäude nicht. 12. Der andere ist nicht der Star
der Gruppe. 13. Der andere hört seinem Reiseleiter nicht zu. 14. Dem anderen schmeckt das
Essen nicht. 15. Der andere unternimmt nicht
den Versuch den Reisepreis herunterzudrücken.
16. Der andere bringt den Reiseleiter nicht zur
Verzweiflung. 17. Die andere Information ist
nicht von Interesse. 18. Der andere ist an Kultur nicht interessiert.

Übung 2: 1. Der andere Reiseleiter hat keine
guten Sprachkenntnisse. 2. Der andere Reiseleiter scheint kein ausgebildeter Archäologe zu
sein. 3. Der andere Reiseleiter kann anderen
nicht zuhören. 4. Der andere Mitreisende stellt
keine hohen Ansprüche an die Reiseleitung.
5. Der andere hat keine anderen Erwartungen
an den Reiseleiter. 6. Der andere Reiseleiter
nimmt keine Rücksicht auf Sonderwünsche.
7. Der andere kennt die anderen europäischen
Länder nicht. 8. Der andere mag keine solchen
Reisen / mag solche Reisen nicht. 9. Bei der anderen Reise treten keine Schwierigkeiten auf /
tritt nicht eine Schwierigkeit auf. 10. Der andere hat keine solchen Erfahrungen gemacht /
hat solche Erfahrungen nicht gemacht. 11. Der
andere trinkt zum Frühstück keinen Kaffee.
12. Der andere schreibt seinen Freunden keine
Postkarten.

Übung 3: 1. Der andere spielt nicht Skat.
2. Der andere hört nicht Radio. 3. Der andere
muss nicht Schlange stehen. 4. Der andere

fährt nicht Taxi. 5. Dem anderen gefällt Frankreich nicht. 6. Der andere hat nicht Wort gehalten. 7. Der andere spielt nicht Gitarre. 8. Der andere Reiseleiter ist nicht / kein Kunsthistoriker. 9. Der andere Reiseleiter will nicht / kein Dolmetscher werden. 10. Das andere Reiseunternehmen hat nicht Bankrott gemacht.

Übung 4: 1. Er besichtigt den Eiffelturm nicht. Er besichtigt nicht den Eiffelturm, sondern den Montmartre. Nicht er besichtigt den Eiffelturm, sondern seine Freundin. 2. Er schreibt den Arbeitskollegen keine Ansichtskarte. Er schreibt den Arbeitskollegen keine Ansichtskarte, sondern einen Brief. Nicht er schreibt den Arbeitskollegen eine Ansichtskarte, sondern seine Mitarbeiterin. Er schreibt nicht den Arbeitskollegen eine Ansichtskarte, sondern seinem Chef. 3. Er fragt den Portier nicht nach einem Souvenirladen. Er fragt nicht den Portier nach einem Souvenirladen, sondern das Zimmermädchen. Nicht er fragt den Portier nach einem Souvenirladen, sondern seine Begleiterin. 4. Ihm imponieren die großen Geschäfte nicht. Ihm imponieren nicht die großen Geschäfte, sondern die historischen Gebäude. Nicht ihm imponieren …, sondern seiner Freundin. 5. Der starke Verkehr stört ihn nicht. Nicht der starke Verkehr stört ihn, sondern der Tourismus. 6. Die Lichterfahrt auf der Seine hat ihm nicht gefallen. Nicht die Lichterfahrt … hat ihm gefallen, sondern der Besuch des Louvre. 7. Er spricht mit dem Nachtportier nicht über die Stadt. Er spricht nicht mit dem Nachtportier über … , sondern mit dem Barkeeper.

Übung 5: 1. Die Touristen waren nicht bei Sonnenschein, sondern bei strömendem Regen in Paris angekommen. 2. Sie haben nicht im Hotel Ritz, sondern im Hotel Métropole gewohnt. 3. Sie haben ihre Sachen nicht eingepackt, sondern ausgepackt. 4. Nicht der gewünschte Reiseleiter, sondern eine Reiseleiterin hat die Gruppe begrüßt. 5. Die Reiseleiterin stammt nicht aus der Hauptstadt, sondern aus einer Provinzstadt. 6. Die Gruppe hatte nicht jeden Tag, sondern jeden zweiten Tag ein gemeinsames Programm. 7. Die Touristen haben nicht in billigen Restaurants, sondern in teuren gegesssen. 8. Sie haben den Einkaufsbummel

nicht vor dem Essen, sondern nach dem Essen gemacht. 9. Am Besuch des Louvre haben sich nicht alle, sondern nur die Kunstinteressierten beteiligt. 10. Einige sind abends nicht ins Theater, sondern ins Variete gegangen. 11. Ihnen ist der Abschied von Paris nicht leicht, sondern schwer gefallen. 12. Nicht nur einige, sondern alle wollen bald wiederkommen. 13. Sie werden Paris nicht nur als Weltstadt, sondern auch als Kunstmetropole in Erinnerung behalten.

Übung 6: 1. nicht täglich 2. montags nicht 3. tagsüber nicht 4. häufig nicht 5. manchmal nicht 6. meistens nicht 7. nicht jährlich 8. nicht pünktlich 9. nicht rechtzeitig 10. bisher nicht 11. mehrmals nicht 12. vorher nicht 13. nicht eher 14. anfangs nicht 15. zunächst nicht 16. nicht selten 17. gestern nicht 18. nicht sofort 19. nicht nochmals 20. nicht gleich

Übung 7: 1. Der Reiseleiter spricht anscheinend nicht / nicht viel / heute nicht / Gott sei Dank nicht mit dem Busfahrer. 2. Der Reiseleiter erkundigt sich nicht täglich / nicht ernsthaft / aus Gleichgültigkeit nicht / deswegen nicht / bestimmt nicht nach dem Befinden des erkrankten Touristen. 3. Der Reiseleiter langweilt die Gruppe meistens nicht /zum Glück nicht / absolut nicht / bisher nicht / nicht nochmals mit seinen Erklärungen. 4. Die Reisegruppe interessiert sich zu seinem Bedauern nicht / manchmal nicht / wahrscheinlich nicht / nicht übermäßig für seine Erklärungen. 5. Der Reiseleiter spricht nicht ausführlich / nicht den ganzen Tag / nicht gleich / vermutlich nicht / nicht ohne Vorbereitung über die Geschichte Frankreichs. 6. Die Touristin kauft natürlich keine / hoffentlich keine / im Allgemeinen keine teuren Souvenirs. 7. Der Reiseleiter führt die Touristen nicht immer / wegen des schönen Wetters nicht / nicht mit Engagement / aus Zeitmangel nicht / nicht nachmittags / nachmittags nicht durch das Museum.

Übung 8: 1. Der Louvre war im letzten Jahr während der Feiertage abends nicht geöffnet. 2. Der Reiseleiter war deshalb während dieser Zeit nicht dort. 3. Die Touristen bummeln an ihrem freien Nachmittag aus verständlichen Gründen nicht gemeinsam über den Flohmarkt. 4. Der Reiseleiter geht morgens bestimmt nicht sehr früh aus dem Haus. 5. Er ist gestern nach dem Klingeln des Weckers nicht gleich aufgestanden. 6. Er ist deshalb bei seiner Reisegruppe nicht pünktlich eingetroffen. 7. Das wird ihm bei dieser Gruppe wahrscheinlich nicht noch mal passieren. 8. Das Restaurant bietet den Touristen normalerweise mittags kein Menü. 9. Die Touristen essen abends nicht gern im Hotel. 10. Sie sind deshalb abends meistens nicht im Hotel. 11. Der Reiseleiter ist heute mit seiner Reisegruppe nicht ins Regierungsviertel gefahren. 12. Einige Touristen konnten ihre Reise dieses Mal aus den verschiedensten Gründen nicht gründlich vorbereiten.

Übung 9: 1. Sie kannte keinen einzigen (der) Reiseteilnehmer. Sie kannte nicht alle Reiseteilnehmer. 2. Sie hat nichts mitgemacht / nicht alles mitgemacht. 3. Sie ist in keines der Künstlerlokale (kein Künstlerlokal) gegangen / nicht in sämtliche Künstlerlokale gegangen. 4. Sie war in keinem einzigen Museum / nicht in jedem Museum. 5. Sie hat sich auf keiner Reise verliebt / nicht auf jeder Reise verliebt. 6. Sie ist nie / niemals teuer essen gegangen / nicht immer teuer essen gegangen. 7. Sie ist nie / niemals / kein einziges Mal in ein Bistro gegangen / nicht jedesmal in ein Bistro gegangen. 8. Sie hat sich bei keinem einzigen (der) Reiseteilnehmer Geld geliehen / nicht bei jedem (der) Reiseteilnehmer Geld geliehen. 9. Sie hat keine Sehenswürdigkeiten besichtigt / nicht alle Sehenswürdigkeiten besichtigt. 10. Sie war nie / niemals von morgens bis abends unterwegs / nicht immer von morgens bis abends unterwegs.

Übung 10: 1. aber sie hat noch keinen Urlaub. 2. aber sie hat noch nichts für die Urlaubstage geplant. 3. aber ihr hat noch niemand Tipps gegeben. 4. aber sie hat noch keine Landkarten … studiert. 5. aber sie hat noch nichts über das Reiseland gelesen. 6. aber sie hat ihre Sprachkenntnisse noch nicht aufgefrischt. 7. aber sie hat noch nie / noch kein einziges Mal große Reisen gemacht. 8. aber sie war noch nie / noch kein einziges Mal in dem Land.

Übung 11: 1. aber er arbeitet nicht mehr. 2. aber er muss niemanden mehr anrufen. 3. aber er hat keinen (Resturlaub) mehr. 4. aber er muss keine (Reisevorbereitungen) mehr treffen. 5. aber er muss nichts Wichtiges mehr erledigen. 6. aber er benutzt seinen nicht mehr. 7. aber er (will in diesem Jahr) nicht mehr (verreisen). 8. aber er hat keinen (Fensterplatz) mehr bekommen.

Übung 12: 1. sogar 2. nicht einmal 3. sogar 4. nicht einmal 5. sogar 6. nicht einmal 7. nicht einmal 8. sogar

Übung 13: 1. Von der Unfreundlichkeit der Menschen in diesem Land kann nicht die Rede sein. 2. Von der Unsicherheit der Straßen … 3. Vom politischen Desinteresse der Menschen … 4. Von der Inkompetenz der Minister … 5. Vom Nonkonformismus der Intellektuellen … 6. Vom Misserfolg der Regierung … 7. Von der Unmenschlichkeit des Regimes … 8. Von der Instabilität der politischen Verhältnisse … 9. Von der Unzuverlässigkeit der öffentlichen Verkehrsmittel … 10. Von der Arbeitslosigkeit der jungen Menschen …

Übung 14: 1. Die Zollbeamten untersagen dem Passagier das Flughafengelände zu verlassen. 2. Der Passagier leugnet zollpflichtige Waren bei sich zu haben. 3. Die Zollbeamten bezweifeln, dass er ehrlich ist. 4. Der Passagier weigert sich seinen Koffer zu öffnen. 5. Der Passagier hindert den Zollbeamten daran, sein Gepäck anzufassen. 6. Der Passagier hat versäumt drei Stangen Zigaretten zu deklarieren. 7. Die Zollbeamten sehen davon ab, eine Leibesvisitation vorzunehmen. 8. Die Zollbeamten verzichten darauf, ihn anzuzeigen. 9. Die Zollbeamten warnen den Passagier, in Zukunft mitgeführte Waren zu verschweigen. 10. Der Passagier hütet sich davor, zukünftig Zigaretten aus dem Urlaub mitzunehmen.

Übung 15: 1. Die Begrüßungsrede … wurde nicht ohne Beifall aufgenommen. 2. Die Ausstellung kam … nicht unerwartet. 3. Der Künstler ist nicht erfolglos. 4. Die Aufregung des Künstlers … war nicht unverständlich. 5. Der Künstler war nicht undankbar für das Verständnis des Publikums. 6. Die Ausstellungsräume waren nicht unattraktiv. 7. Die Presse verfolgt die ... Entwicklung des Malers nicht ohne Interesse. 8. Die Bilder des Malers sind nicht ohne Reiz. 9. Diese Ausstellung war ... nicht unwichtig. 10. Solche Ausstellungen sind nicht ohne erheblichen ... Aufwand möglich.

§ 20

Übung 1: 1. Zukünftiges 2. allgemeingültiger Sachverhalt 3. Vergangenes zur Vergegenwärtigung 4. Zukünftiges 5. allgemeingültiger Sachverhalt 6. Gegenwärtiges 7. Zukünftiges 8. allgemeingültiger Sachverhalt 9. Gegenwärtiges 10. Vergangenes zur Vergegenwärtigung 11. Gegenwärtiges – Zukünftiges

Übung 2: sorgte / hat gesorgt – hatten ... ausgebrütet – ist – hat ... übernommen – füttert – entdeckte – zurückgelegt werden durfte – schob ... unter – hatten ... gebaut – saßen – sorgten / haben ... gesorgt – begann – legte – kam

Übung 3: 1. Voraussage mit Zukunftsgewissheit 2. + 3. (energische) Aufforderung 4. feste Absicht, Entschluss 5. Vermutung mit Bezug auf Gegenwart 6. Voraussage mit Zukunftsgewissheit 7. feste Absicht, Entschluss 8. Voraussage mit Zukunftsgewissheit 9. Vermutung mit Bezug auf Vergangenheit 10. Versprechen

Übung 4: 1. Die Medizin wird die meisten Krankheiten besiegt haben. 2. Die Menschen werden viele Wüsten und Steppen fruchtbar gemacht haben. 3. Die Biologie wird zur wichtigsten Wissenschaft geworden sein. 4. Die Menschen werden weitere Galaxien erforscht haben. 5. Es wird sich ein kosmopolitischer Lebensstil herausgebildet haben. 6. Die Grenzen zwischen den meisten Staaten werden verschwunden sein. 7. Viele Völker werden Frieden miteinander geschlossen haben. 8. Man wird den Traum vom Paradies auf Erden noch nicht verwirklicht haben.

Übung 5: 1. Sie wird sich schon auf ihren Urlaub in der nächsten Woche freuen. 2. Sie wird ihr heutiges Arbeitspensum schon geschafft haben. 3. Sie wird gerade ein schwieriges Problem gelöst haben. 4. Sie wird deswegen vorhin vom Chef gelobt worden sein. 5. Sie wird demnächst eine Gehaltserhöhung bekommen. 6. Sie wird Spaß an ihrer Arbeit haben. 7. Sie wird eine motivierte Arbeitnehmerin sein. 8. Sie wird mal wieder eine gute Idee gehabt haben. 9. Sie wird heute abend ein Rendezvous haben. 10. Sie wird mit ihrem Freund verabredet sein.

Übung 6:   gegeben hatte – begannen – sich ... bildete – entstand – trat – fiel – waren – sich zurückzog – ruhte / hatte ... geruht – wurde – entwickelten sich – wurde – hatte es gegeben / gab es – war – lebten – belegen – geendet hatte – erwärmte sich – stieg ... an – geschmolzen war – erhielten – gehen ... davon aus – beeinflusst hat – wurde – konnten ... betreiben – gelebt hatten – sich ... entwickelte – wurde – sagen – sich ... abgekühlt hatte – flohen – sich ... durchsetzte – erreichte – hatte sich ausgeweitet / weitete sich aus – hielt – dezimierte – zunahm – erwärmte sich – vergangen sind / vergangen sein werden – ist / wird ... sein – befürchten – zunehmen / zunehmen werden – schmelzen / werden ... schmelzen – überflutet / wird ... überfluten

Übung 7:   erlebt hat – sein wird – werden sich ... schlagen – werden ... ausgehen – ist ... gestiegen – haben ... besetzt – entstanden / entstanden sind – wird sich ... fortsetzen – ist ... angewachsen – werden ... gegründet – gehören – ist – erhöht sich – werden ... dominieren – wird ... sein – gesammelt haben – gezwungen wurden – ist ... erreicht – macht – sind – nehmen – ferngehalten haben – wird sich ... durchsetzen – befähigt sind – werden ... einnehmen – verwehrt waren – haben sich ... erobert – waren – arbeiteten – aufstiegen – wurden ... abgeschoben – machen – wird ... anhalten